_____ 님의 소중한 미래를 위해
이 책을 드립니다.

서울의
부동산만
오를 것이다

서울의 부동산만 오를 것이다

김형근 지음

메이트북스

메이트북스 우리는 책이 독자를 위한 것임을 잊지 않는다.
우리는 독자의 꿈을 사랑하고,
그 꿈이 실현될 수 있는 도구를 세상에 내놓는다.

서울의 부동산만 오를 것이다

초판 1쇄 발행 2019년 12월 3일 | **지은이** 김형근
펴낸곳 (주)원앤원콘텐츠그룹 | **펴낸이** 강현규·정영훈
등록번호 제301-2006-001호 | **등록일자** 2013년 5월 24일
주소 04778 서울시 성동구 뚝섬로1길 25 서울숲 한라에코밸리 303호 | **전화** (02)2234-7117
팩스 (02)2234-1086 | **홈페이지** www.matebooks.co.kr | **이메일** khg0109@hanmail.net
값 15,000원 | **ISBN** 979-11-6002-261-2 03320

이 도서의 국립중앙도서관 출판시도서목록(CIP)은 e-CIP홈페이지(http://www.nl.go.kr/ecip)에서
이용하실 수 있습니다.(CIP제어번호 : CIP 2019044378)

다른 사람이 말하는 투자 정보로는 성공하기 힘들다.
이런 방식은 쉽게 휘둘릴 수 있는데
스스로 시장조사, 분석을 통해
공부하고 결정을 해야 한다.

• 도널드 트럼프(미국 45대 대통령) •

왜 서울의 부동산을
꼭 사야 하는가?

누구나 자신의 집을 갖고 싶어하고 주택을 언제 구매해야 하는지, 구매하는 주택가격이 적당한지, 투자해 향후 지속적으로 주택가치가 상승할 수 있는지, 그러면 어느 지역에 어떤 주택을 어떤 규모로 투자해야 하는지에 대한 궁금한 점들이 한두 가지가 아닐 것이다.

이 책은 부동산 투기를 위해 집필한 것이 아니라 무주택자에게 앞서 궁금한 점들을 참고해 자기 집을 가질 수 있도록, 그리고 기존의 한 채의 집을 처분하고 다른 집에 투자를 고려하는 분들이 활용할 수 있도록 하기 위해서이다.

또한 부동산 정책에 대한 비판이 아닌 주관적 분석틀을 가지고 작성된 글이라는 것을 미리 알려드린다. 주관적 분석틀이란 경제이론을 바탕으로 도시공학을 통한 선진국가와의 도시비교로 국내 부동산 시장을 살펴보고, 부동산의 가치가 꾸준히 높아질 수 있는 유망지역을 선정하는 것이다.

그 결과 우리나라에서는 지방도시보다는 서울에 주택을 갖는 것이 투자가치를 더 높일 수 있다는 결론을 얻었다. 서울은 경제적 측면과 지속적인 도시성장을 통해 소득이 증가할 수 있는 지역으로서 부동산 투자에 더욱 유리하다. 따라서 서울지역 중에서도 유망지역에 사는 것이 거주를 목적으로 집테크할 수 있는 최고의 방법이다.

우리나라는 60대 이상 인구의 자산비중에서 부동산이 약 70% 정도 집중되어 있고, 다른 자산보다 안전자산으로 부동산을 선택하고 있다. 앞으로 주택을 어디에 보유하느냐에 따라 노후의 행복이 달려있다고 해도 과언이 아니다.

여전히 비싼 서울 집값은 결국 그 가치가 계속 상승할 것이다. 따라서 거주하지 않더라도 반드시 보유해야 하며, 서울에 집을 보유하는 것은 선택이 아닌 필수다.

글로벌 지방도시의 소득이 줄고 인구가 감소하는 현상은 어제오늘의 일이 아니다. 지방의 경제·산업이 악화되면서 지방 집값도 하락세에 있다. 새로운 산업이 빠르게 변화하는 글로벌 패러다임의 변화에 우리나라의 지방도시 역시 빗겨나갈 수 없는 상황에 처해있다.

유명한 글로벌 도시는 대부분 그 나라의 수도Capital이며, 대도시 중심으로 성장하는 사례에 비쳐보면 서울의 주거수요는 더욱 늘어날 수밖에 없다.

서울에 더 많은 주택을 공급하기 위해서는 도시재생을 할 수밖에 없으며, 오래된 글로벌 도시인 뉴욕, 파리, 런던, 로마, 도쿄 등 대부분 나라들도 그러하다. 이런 유명한 글로벌 도시들은 대기업이 많아 소득이 높고 좋은 학교 및 명문대학교가 집중되어 있다. 또한 교통, 병원 등의 편의시설이 더 발달되어 살기 좋은 곳으로 도시가 끊임없이 진화되고 있기 때문이다.

이제 우리나라에 오르는 부동산은 서울에 있다. 반드시 'in 서울' 하라. 전국의 맛집, 주요 대기업 및 대학교, 트랜디한 패션, 새로운 라이프 스타일 변화의 중심지인 서울의 부동산을 각별히 봐야 한다. 서울부동산이 특별한 이유를 서울특별시에서 찾아보자.

김형근

차례

1장
서울 집값만 더 오를 수밖에 없다

SEOUL

 2장

서울 주택가격을
결정하는 요인들

3장

서울 주택,
수요는 넘치고
공급은 부족하다

SEOUL

4장

서울에서도
오르는 지역은
따로 있다

절대로 서울에 있는 집을 빼앗기지 마라

왜 앞으로 서울 집값만 오를 것인가

글로벌 도시를 보면 서울의 미래가 보인다

지방에 집이 있다면 지금 당장 팔아라

그렇다면 지방의 집값은 어떻게 될 것인가?

현재 서울 집값 급등의 이유는 무엇인가?

그 중에서도 서울 아파트가 최고다

서울 집값만 더
오를 수밖에 없다

글로벌 지방도시와 대도시를 통해 한국의 지방도시와 서울을 비쳐볼 수 있다. 그 결과 대부분 국가에서 집값은 지역별 차별화 및 양극화가 진행되고 있다. 국가의 수도(Capital)는 유명세를 가진 활기찬 대도시로서 다양한 라이프 스타일과 인구변화에 탄력적으로 대응해 새로운 주거환경을 창출하며 집값 상승을 이끌고 있다. 글로벌 대도시인 뉴욕(New York), 파리(Paris), 런던(London), 로마(Roma), 도쿄(Tokyo), 밴쿠버(Vancouver), 시드니(Sydney) 등은 독특한 생활방식으로 유행을 이끌고, 오래된 전통과 문화를 결합한 음식점과 상점들이 많아 누구나 한 번쯤은 가보고 싶은 곳이다. 자연스럽게 유입인구의 증가로 노후화되고 이에 쇠퇴한 도심을 재생시키게 된다. 반면 특정산업이 발달된 글로벌 지방도시는 글로벌 산업 패러다임(paradigm) 변화에 적응하지 못하고 튼튼한 기업마저 사라진다. 이에 일자리 축소는 이동인구 및 주거인구까지 감소시켜 소득감소로 이어져 새로운 주택수요가 멈춰 결국 기존 집값도 하락시켰다. 한국 지방도시 역시 글로벌 지방도시의 흥망성쇠를 참조하자. 한국에서는 인구, 소득, 경제가 집중되어 있는 '인(in) 서울' 주택을 보유하는 것이 자산가치를 상승시키는 데 훨씬 유리하다.

절대로 서울에 있는
집을 빼앗기지 마라

SEOUL

서울에 주택을 보유해야 할 이유를 명확히 파악하자. 서울은 글로벌 도시이자 한국의 수도로서 인구와 소득 등 모든 면에서 최고의 수준이다.

최근 글로벌 주택 가격이 조정을 받고 있다. 10년 전 미국과 유럽에서 촉발된 글로벌 금융위기에 따른 양적완화 및 저금리는 주택 가격 상승요인으로 작용해 소득과 임대료 대비 주택 가격이 더 큰 폭으로 상승했다. 이에 대부분의 글로벌 부동산 가격(주거, 오피스, 호텔 등)은 최고치를 갱신하고 조정을 받는 모습이다.

특히 주거용 부동산 가격은 글로벌 금융위기 이후 경기회복과 초저금리 시대를 맞이해 최근 5년간 강한 상승세를 이어왔다. 글로벌 주요 도시의 주택 가격은 지리적 특성과 문화, 정치 및 경제 등의 영향이 크지만 주택의 소득과 임대료 같은 동일한 기준을 통해 비교분석할 수 있다.

PIR과 PRR을 보면 답이 보인다

가처분소득 대비 주택 가격 지표인 PIR Price to Income Ratio 과 연간 임대료 대비 주택 가격 지표인 PRR Price to Rent Ratio 로 주요 도시의 주택 가격을 비교분석할 수 있다.

이렇게 각 나라별 핵심위치를 차지하고 있는 주요 도시와 서울을 비교하면 서울 주택 가격에 대한 가치평가Valuation를 통해 현시점을 파악할 수 있다.

PIR 계산식은 '주택 가격/연간 가처분소득'으로, 주택가치 Valuation를 소득수준의 변화와 함께 비교하기 위한 지표다. 주택 가격은 중위 아파트 90m² 기준으로, 가처분소득은 총소득에서 세금과 보험료 등의 비소비지출을 제외한 값으로 모두 모아 주택을 구입하기까지 걸리는 시간을 뜻한다. PIR이 15이면 실질 가처분 소득을 쓰지 않고도 주택을 구매하는 데 걸리는 시간이 15년이라는 것이다.

PRR 계산식은 '주택 가격/연간 임대료'로, 임대수준 대비 주택 가격을 측정하는 지표다. 즉 연간 임대료를 모아 주택을 구입하는 데 걸리는 시간을 뜻한다. PRR이 10이면 연간 임대료 10년치가 주택 가격이라고 할 수 있다.

한국은 월세(임대료)보다 전세 중심으로 주택 가격이 형성되

▼ 연도별 글로벌 주요 도시 PIR 추이

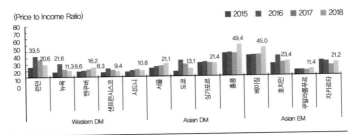

기준금리 및 경제성장률이 높은 신흥국의 경우 PIR이 상대적으로 높게 나타남
주1: PIR = 중위 아파트 가격 / 중위 가구당 가처분소득(중위 아파트 크기 90m²)
주2: 가구당 가처분소득 = 순수입×1.5(여성 노동참여율 50% 가정)
주3: m²당 가격 = 시내 외곽 가격의 평균값 적용

자료: Numbeo, NH투자증권 리서치본부

▼ 연도별 글로벌 주요 도시 PRR 추이

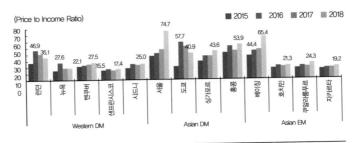

저금리 및 저성장 환경인 선진국에서 PRR이 상대적으로 높게 나타남
주1: PRR = 평균 소유 비용 / 임대소득(임대하기 위해 구매한 경우) 또는 지불 예상 임대료(거주하려는 경우)
주2: 1베드룸 아파트는 50m²라고 가정하고 m²당 임대료 계산
주3: 구매 비용, 이자 비용, 보험 비용을 합산해서 소유 비용 계산

자료: Numbeo, NH투자증권 리서치본부

어 연간 임대료를 정확하고 객관적으로 산출하는 데 어려움이 존재한다. 그 결과 글로벌 주요 국가의 PRR보다 우리나라의 PRR이 상대적으로 높게 나올 수밖에 없다. 이런 이유 때문에 이 책에서 한국의 임대수익률은 보증금을 제외한 나머지 임대료를 연간으로 환산해 비교해보았다.

그 결과 2016년 뉴욕(PIR 21.6, PRR 27.6), 런던(PIR 33.5, PRR 46.9), 도쿄(PIR 26, PRR 57.7)와 같은 선진국 주요 도시들의 PIR과 PRR은 모두 정점을 찍고 하락했다. 또한 2018년 베이징(PIR 45, PRR 65.4), 홍콩(PIR 49.4, PRR 53.9), 밴쿠버(PIR 16.2, PRR 27.5), 서울(PIR 21.1, PRR 74.7)은 정점에 도달해 있는 것을 알수 있다. 2016년과 2017년에 PIR과 PRR 최고치를 갱신한 선진국 주요 도시인 뉴욕, 런던, 시드니, 밴쿠버 등의 실제 주택가격은 2017년부터 하락해 조정되고 있다.

또한 2017년 하반기부터 2018년 홍콩, 베이징, 서울, 도쿄등 아시아 주요 도시의 PIR과 PRR은 정점을 찍었고, 2018년 하반기부터 실제 주택 가격이 하락세로 전환되었다. 이는 글로벌 경기회복과 함께 2017년 미국 기준금리 인상과 테이퍼링(양적완화 축소), 유럽 및 아시아 국가들의 기준금리 인상으로 유동성이 축소되고 있는 시점과 맞물려 있다. 최근 글로벌 경기침체에 대한 우려감으로 각국의 기준금리가 인하되며 다시 초저금리 시대로 전환되고 있다.

시장경제를 벗어나 정책만으론 해결되지 않는다

글로벌 정치·경제적 불확실성이 고조되고 있다. 특히 미중 무역통상 갈등과 한일 경제전쟁, 영국 브렉시트(영국 유럽연합 탈퇴) 등으로 다시 불거지는 경기침체 우려와 함께 최근 10년간 지속적으로 꾸준히 오른 주택 가격이 부담되는 수준에 도달했다.

이 시점에서 2018년 12월 기준 서울의 PIR은 21.1이고 PRR은 74.7로, 2007년 서울지역의 주택 가격이 소득보다 더 빠르게 상승했던 수치를 상회하고 있다. 이는 2018년을 기준으로 가처분소득을 통해 한 푼도 쓰지 않고 모두 모아서 중위 아파트 90m²를 구매하는 데 21년이 더 걸린다는 의미이고, 연간 임대료를 동일한 아파트를 구매하는 데 74년이 더 걸린다는 의미다.

즉 한국의 경제 펀더멘털(기초체력) 대비 주택 가격은 고평가된 상황이며 대출 규제, 세금 중과, 입주물량 등의 악재로 국내 주택시장은 침체기로 접어들고 있다. 특히 지역별로 주택 가격 양극화 현상은 더욱 확대되고 있는데, 2017년 하반기부터 지방을 시작으로 경기도와 서울 지역으로 확대되고 있다.

지난 40년을 돌이켜봤을 때 한국 주택 가격이 크게 하락한 시점은 1997년 외환위기와 2008년 글로벌 금융위기, 이렇게 단 두 차례뿐이다. 이는 한국이 수출주도형 국가로서 글로벌 경기침체로 인해 수출이 둔화되어 국내 경기둔화로 이어져 결국 소득이 줄어들게 된다. 이로 인해 임대료가 부담됨으로써 주택의 구매수요가 급감해 전체 주택가격이 급락했다.

일반적으로 가처분 소득과 임대료는 인플레이션(물가상승)으로 꾸준히 상승하게 되고, 주택가격Valuation도 지속적으로 상승한다. 하지만 정치·경제의 다양한 변수로 주택가격이 고평가되면 짧게 또는 길게 조정을 받을 수밖에 없다. 부동산 시장은 주택가격이 높게 형성되면 공급이 많아져 가격상승이 멈추거나 하락하며, 특정지역에 주택수요가 많으면 가격버블도 형성되어 정부가 부동산 규제정책을 실시해 조정에 나선다.

이는 한국뿐만 아니라 대부분 국가에서 이루어지는 보편적 현상이다. 모든 정부는 주택 가격의 변동성을 최소화해 주거의 안정화를 위한 부동산 정책을 다양한 방법으로 선택해 시행한다. 하지만 수요와 공급이라는 큰 틀에서 시장경제를 벗어나 정책만으로는 결코 해결되지 못하므로 부동산시장의 왜곡으로 결국 부작용이 나타나게 된다.

☑ 최근 부동산 이슈

- 글로벌 경기침체에서 양적완화(재정확대) 및 저금리로 글로벌 자산가치 상승
- 최근 불거지는 글로벌 정치·경제적 불활실성 고조는 미중 무역갈등을 넘어 패권싸움, 한일 경제전쟁, 영국 브렉시트(유럽연합 탈퇴), 남북 및 북미 외교정치 이슈 등
- 국내 주택가격이 급등 후 지방중심으로 하락, 경기도 조정, 서울 약세로 바닥시점
- 정부의 부동산 추가규제 이슈(분양가상한제, 재건축초과이익환수제 일몰제, 대출규제 강화 등)

 이것만큼은 꼭 기억하자!

서울에 주택을 보유해야 할 이유를 명확히 파악하자. 서울은 글로벌 주요 도시(뉴욕, 런던, 도쿄, 시드니 등)들과 함께 세계적 도시로서 명성이 있고, 한국의 수도(Capital)로서 인구와 소득 등 모든 면에서 최고 수준이다.

왜 앞으로 서울 집값만
오를 것인가?

최근 미국, 일본 등에서 도시에 대한 도시정비 및 도시재생이 활발하게 이루어지고 있다. 도시 경쟁력을 위해 서로 연결되고 다양한 문화를 공유하며 살기 좋은 곳으로 만들고 있다.

주택을 공급하기 위한 택지가 많지 않은 지역은 압축도시 Compact City로 도시를 효율적으로 만들 수 있다. 압축도시는 도심 내에 택지가 부족하지만 유동인구가 많은 지역 3곳을 거점으로 삼각형Triangle 중심에 초고층·초대형 건물로 지어져 이동인구를 흡수해 교통, 편의시설, 거주 등 대부분을 해결하게 하는 '도시 속의 작은 도시'다.

향후 희소성, 소득, 교통, 편의시설 등으로 선택이 특정지역에 집중되는 현상이 발생할 것이다. 서울은 강남지역을 중심으로 재건축만 이루어지고 있지만 향후 서울지역 전체가 재개발을 통한 도시재생을 반드시 해야 한다.

이런 도심의 도시재생으로 역사적 의미와 함께 현대적 인테리어를 통해 그 집만의 독특한 향기를 만들어내는 것이다. 기존 압구정 가로수길, 홍대거리, 경리단길, 삼청동에서 최근 연남동, 익선동, 창동, 북촌, 인사동 등의 지역으로 확대되고 있다.

최근 미국, 일본 등에서는 노후화되고 쇠퇴한 도시를 중심으로 도시정비(재건축과 재개발) 및 도시재생이 활발하게 이루어지고 있다. 단순히 새로운 주거로 탈바꿈하는 것이 아니라 도시경쟁력을 위해 그 도시의 공동체가 서로 연결되고 다양한 문화를 공유하며 살기 좋은 곳으로 만들고 있다.

미국과 일본의 사례를 보자

최근 미국 뉴욕에서는 약 200억 달러 규모의 허드슨 야드 재개발Hudson yard project 사업이 이루어지고 있다. 록펠러 센터 건립 이후 뉴욕시, 뉴욕주 및 뉴욕 대중교통운영기관 MTA Metropolitan Transportation Authority가 '도시 안에 도시City within a city'로 조성되고 있다.

또한 맨해튼의 허드슨 강변지역의 개발은 역대 사상 최대규모와 투자로서 민간개발을 통해 이루어지고 있으며, 동부야드와 서부야드를 나누어 2024년까지 상업 및 주거공간으로 복합적으로 재개발되고 있다. 또한 서쪽지역의 재조정, 뉴욕 7호선 연장, 자비츠 컨벤션 센터Javits Convention Center 리노베이션 등의 사업이 포함되어 있다.

일본은 2001~2006년 고이즈미 전 총리의 도시재생정책으로 도쿄의 대규모 도심 재개발사업이 진행을 착수했다. 치요다 구에 위치한 마루노우치 지구는 일본 대기업 본사, 금융 및 언론사가 밀집한 도쿄역과 천황의 거처인 황궁이 있는 일본 도쿄의 중심지로 한국의 서울역에서 광화문 일대와 비슷한 지역이다.

그간 마루노우치 지구는 천황의 거처가 있어 주변 개발과 고도제한으로 인하여 노후화가 진행되면서 일본의 도심개발이 활기를 잃었다. 하지만 마루노우치 지구의 도시재생은 호텔, 국제회의시설 등 경제활동을 촉진해 활력을 되살리는 도

▼ 도쿄의 특례용적률 적용구역제도

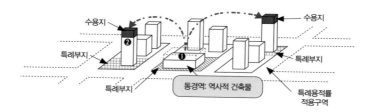

시기능과 함께 역사적 건축물을 보존해 고품격 지구로 만들었다. 이런 도심 중심의 대규모 도시재생은 정부, 지자체, 민간개발사의 협력을 통해 이루어졌으며, 용적률 인센티브를 적용하고 어떤 부지라도 이전이 가능하게 돼 합리적이고 순조롭게 진행되었다.

도시정비사업을 통해 도시재생을 시작하다

대도심 개발이 필요한 곳은 유명한 글로벌 도시로서 대부분 국가의 수도이며 역사적 의미가 있는 곳이다. 더욱이 도시의 심각한 노후화로 도심기능을 다시 살려야 하는 입장에서 정부의 도지재생 의지도 강하다.

새로운 뉴타운 개발은 택지(주택을 지을 수 있는 토지)가 충분하지 못하기 때문에 기존 택지를 개발하는 정비사업(재건축 및 재개발) 중심으로 도시재생에 집중하고, 사업성을 높이기 위해 컴팩트 시티에 집중하게 된다. 결국 택지가 많은 지역은 주택공급을 손쉽게 할 수 있는 반면, 수요는 많지만 택지가 부족한 지역은 주택공급을 쉽게 할 수 없기 때문에 결국 희소성으로 주택가격이 오르게 된다.

또한 도시화비율이 높은 선진국은 대도시 외곽에 거주하는 것보다는 대도시 안에서 교통, 편의시설(병원, 영화관, 쇼핑몰 등)을 이용하며 거주하는 것을 더 선호한다. 글로벌 인구변화는 베이비부머 은퇴, 1~2인 가구 증가, 싱글족과 욜로족You Only Live Once 등 젊은 층의 결혼이 늦어지면서 도심생활에 집중되는 현상이 뚜렷하게 나타난다. 그러다 보니 출퇴근 시간을 줄이고 음식점, 영화관, 쇼핑시설, 문화생활의 접근이 쉽고, 대도시 인구가 많아 새로운 커뮤니티(동호회, 스터디 등)가 활성화되어 있는 도심활동을 선호한다.

이런 수요가 도심 집중화 현상을 만들고 도시정비사업으로 인해 도시재생을 활발하게 만든다. 이로 인해 도심 내에서도 이동하기 쉬운 역세권이 더욱 매력적인 투자처가 되며, 주택에 대한 환금성도 좋아지게 된다.

 이것만큼은 꼭 기억하자!

우리는 이제 서울 주택(집)을 주목해야 한다. 서울의 택지부족으로 주택 공급에는 한계가 있다. 그러나 수요는 계속 커져만 간다.

글로벌 도시를 보면
서울의 미래가 보인다

수도권의 부동산 가격도 서울과 그외 지역으로 차별화가 확대될 것이다. 그 이유는 미국, 일본, 호주, 캐나다 등 글로벌 국가의 대도시와 지방도시를 비교하면 알 수 있다.

미국 뉴욕, 프랑스 파리, 영국 런던, 이탈리아 로마, 일본 도쿄, 캐나다 벤쿠버, 호주 시드니 등의 글로벌 도시들의 공통점은 대부분의 사람들이 가고 싶어 하고, 한 번쯤 기회가 되면 몇 개월 동안 살고 싶어 한다는 것이다.

이런 세계 각지의 글로벌 시티는 독특한 생활방식으로 그 시대의 유행을 이끌고, 오래된 전통과 문화를 결합한 음식점과 상점들이 많다.

이렇게 도시의 이름이 알려지고 유명세를 타면 자연스럽게 유입인구가 늘어나면서 토지 및 택지 가치가 올라 결국 주택 가격이 오르게 된다.

지역별 차별화에 주목하자

글로벌 국가들은 부동산 가격 차별화로 '지역별 양극화' 현상이 발생하고 있다. 그 가운데 특정지역의 도시정비와 도시재생에 따른 투자가 늘어나고 있다.

한국의 부동산 가격은 수도권과 지방의 지역별 차별화 및 양극화 현상이 나타난다. 또한 수도권의 부동산 가격도 서울과 그 외 지역으로 차별화가 예상된다. 그 이유는 미국, 일본, 호주, 캐나다 등의 글로벌 국가의 대도시와 지방도시를 비교하면 알 수 있다.

미국 내 지역간 부동산 가격 차별화로 '양극화' 현상이 발생하고 있는 가운데 특정지구 및 지역개발에 따른 투자도 늘어나고 있다. 예를 들어 시애틀의 경우 아마존 효과Amazon Effect로 아마존 본사 주변의 아파트, 타운하우스, 상업용 건물 등의 가격이 급등하고 있다.

뉴욕에서는 약 200억 달러 규모의 허드슨 야드 재개발 2단계 사업이 진행되면서 민간주도의 수익형 부동산투자가 늘

어나고 있다. 또한 IT기업(애플, 구글, 우버 등)의 성장으로 실리
콘밸리SiliconValley 지역의 주거용 부동산 가격이 급등함에 따
라 주택 임대비용이 증가하고 있다. 반면 과거 철강도시로 급
성장했다가 쇠퇴한 피츠버그와 자동차 산업의 붕괴로 활기를
잃은 디트로이트는 여전히 회복되지 못하고 있다.

　일본은 2011년 글로벌 금융위기로 경기침체와 함께 부동산
가격도 하락했으나 2014년 이후 3대 도시인 도쿄, 나고야, 오
사카의 주택 가격은 지속 상승중이다. 삿포로, 센다이, 히로시
마, 후쿠오카 등 지방 4개 대도시 상업지역의 부동산 가격도
회복되었다.

▼ 일본 빈집 가구 비율

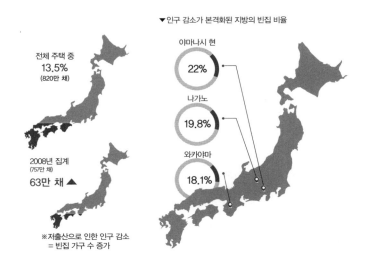

▼인구 감소가 본격화된 지방의 빈집 비율

전체 주택 중
13.5%
(820만 채)

2008년 집계
(757만 채)
63만 채 ▲

※저출산으로 인한 인구 감소
＝빈집 가구 수 증가

야마나시 현
22%

나가노
19.8%

와카야마
18.1%

최근에는 2020년 도쿄 올림픽을 앞두고 소폭의 경기회복으로 일자리가 증가하고 있다. 엔저를 통한 가격 경쟁력 강화, 기업의 설비투자를 통한 민간소비 회복 등으로 대도시의 재개발 및 도시재생 사업으로 상업빌딩 및 콘도미니엄(아파트) 가격은 꾸준한 상승세가 예상된다. 반면 지방을 중심으로 지속적으로 빈집이 늘어나는 등 대도시와 지방의 양극화 현상이 고착화되었다.

　2015년 기준 전체주택 6,063만 호 중 약 13.5%인 820만 호가 빈집인 것으로 집계되고 있다. 이 빈집들은 주로 도심 주변 신도시와 지방에 위치하고 있는 것으로 파악된다. 일자리 때문에 대도시 집중현상이 심화되면서 신도시 및 지방의 고령화 및 저출산이 가속화된 결과로 보인다(빈집에 대해서는 2장에서 다룰 것이다).

양극화 현상도 주목하자

호주는 관광, 교육, 금융 등의 3차 산업인 서비스업이 발달된 국가로 동부지역에 인구가 밀집되어 있으며 시드니, 멜버른 등 관광산업 중심으로 호텔, 상가, 고급주택이 많다. 반면 퍼스, 다윈 등 광산산업 중심지인 서부 및 북부지역에서는 부동

▼ 오스트레일리아의 동부와 서부지역의 양극화

인도양

다윈

케언스

타운즈빌

매카이

포트레들랜드

록햄프턴·글래드스톤

오스트레일리아

브리즈번·

제럴턴

골드코스트

퍼스·
번버리·
올버니

에스퍼런스

브로큰힐·

포트오거스타

애들레이트·

뉴캐슬·
·시드니

캔버라·울런공

멜버른

호바트·

태평양

산 가격이 지속 하락하고 있다. 즉 호주의 부동산 가격 양극화 현상이 최근 4년간 나타나고 있다.

또한 고령화 사회에 대비해 소득 수준에 맞는 다양한 실버 산업 및 의료산업이 동부지역 중심으로 꾸준히 성장하고 있는 반면, 최근 광산산업을 보완하기 위해 다양한 신재생 산업에도 불구하고 서부지역 부동산 가격은 회복세가 더디다.

캐나다는 동부지역의 경기회복에도 불구하고 부동산 가격 상승폭이 크지 않은 것은 서부지역 에너지 투자가 위축되었기 때문이다. 특히 앨버타주를 포함한 서부지역의 경우 국제 유가하락에 따른 오일샌드Oil Sands 개발이 위축되면서 국제

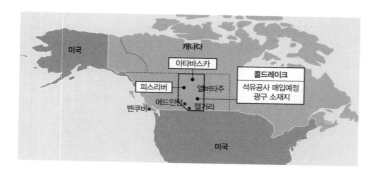

유가의 회복세에도 불구하고 부동산 가격이 회복되지 않고 있다.

반면 2015년 밴쿠버, 토론토 중심 대도시 주택 및 상업용 부동산 가격이 약 30% 급등해 캐나다는 주택담보대출LTV 비율을 대폭 낮추면서 주정부의 부동산 규제정책이 강화되고 있다. 그 이유는 적극적인 이민정책을 펴고 있어 캐나다에 외국인 투자이민이 증가하면서 2016년 중국인의 캐나다 대도시 부동산 투자액만도 약 127억 캐나다 달러(약 96억 미국 달러)에 육박했기 때문이다.

또한 캐나다 주택 거래량을 지역별로 살펴보면, 토론토가 있는 온타리오주가 43%, 밴쿠버가 있는 브리티시 컬럼비아주가 20%, 퀘벡주가 16% 가량의 비중을 차지하고 있다.

주택 가격은 대도시를 중심으로 급등한 후 부동산 규제정책으로 소폭 둔화되고 있지만 상업용 부동산 가격은 지속 상승 중에 있다.

　글로벌 국가별, 지역의 부동산 가격 차별화 현상이 나타나고 양극화가 확대되고 있는 것을 알 수 있다.

 이것만큼은 꼭 기억하자!

유명세를 타야 주택 가격은 오른다. 즉 도시의 이름이 알려지고 유명세를 타면 자연스럽게 유입인구가 늘어나면서 토지 및 택지 가치가 올라 결국 주택 가격이 오르게 된다.

지방에 집이 있다면
지금 당장 팔아라

글로벌 지방도시의 집값을 보면 미래를 알 수 있다. 그래서 우리는 이것에 주목해야 한다. 활기찬 도시만이 주택 가격 상승을 이끌 수 있다는 것을!

지방보다 서울의 주택을 보유하는 것이 자산증식에 매우 유리하다. 경제가 서울에 대부분 집중되어 있어 소득이 견조하게 증가해 새로운 집에 대한 수요가 자연스럽게 늘어나기 때문이다. 반면에 지방도시들의 특정산업 패망에 따른 실업률 증가와 인구감소는 결국 소득감소로 이어질 가능성이 높다. 그 해답은 글로벌 지방도시인 미국 피츠버그Pittsburg, 일본 구레吳市, 스웨덴 말뫼Malmö 등의 사례를 통해 알 수 있다.

글로벌 지방도시는 어떻게 되었는가?

1990년대부터 쇠락의 길을 걷게 된 철강산업 도시 피츠버그, 자동차산업 메카인 디트로이트 등의 성장과 쇠퇴를 살펴보자.

먼저 미국의 피츠버그는 펜실베이니아 주에서 두 번째로 큰 도시로서 세계 최대 석탄 지대의 중심이자 미국의 석탄과 철강의 주산지로, 1980년대에는 약 42.3만 명이나 거주하는 산업의 중심지였다. 또한 1980년 엘러게니강과 오하이오강을 중심으로 운하가 있어 오대호나 미시시피강을 이용해 물자를 미국 각지로 운반할 수 있는 곳이다.

피츠버그의 제철소는 다양한 종류의 철강제품을 생산했지만 1990년대 미국 철강산업이 쇠퇴하면서 실업자가 증가하고 많은 젊은이가 일자리를 찾으러 다른 도시로 이주해 2016년 약 30.3만 명으로 인구가 감소했다. 이에 따른 주택수요가 급감하면서 주택 가격도 지속 하락하고 도시는 활기를 잃은 것뿐만 아니라 위기에 직면했다.

디트로이트는 강을 끼고 있는 항구도시로 미시건 주에서 가장 큰 도시다. 미국 자동차 산업의 메카로 제너럴모터스GM, 포드Ford, 크라이슬러Chrysler 등 3대 자동차 회사의 주력공장이 집결된 곳으로 '모터시티Motor City'라는 명칭이 부여되었다.

그러나 1990년 후반부터 일본, 한국 등의 저렴하고 성능 좋은 자동차가 수입되면서 미국의 자동차 산업은 직격탄을 맞았고 디트로이트 또한 위기에 봉착했다. 2000년 인구는 약 95.1만 명으로 미국에서 11번째로 인구가 많은 도시가 2016년에는 약 67.3만 명으로 줄어들었다. 2000년 이후 실업률이 급증하고 미국 도시 중 가장 위험한 도시로 악명을 떨쳤으며, 강간과 폭행 등과 같이 세계 최고의 범죄도시로 변화하면서 집값도 폭락하기 시작했다.

기존 디트로이트에 부동산을 소유한 사람들은 대부분 집을 두고 다른 곳으로 이주해 절반 가까이 주택 보유세를 내지 않고 있고 주택수요도 급감했다. 이에 주택가격 급락에도 구매할 여력이 있는 사람이 없어 부동산 시장은 하락의 악순환이 반복되어 2013년 7월 18일 디트로이트시는 미지급 채무액 약 180억 달러와 채권자 약 10만 명으로 파산을 신청했다.

일본 히로시마 현広島県에 있는 구레시吳市는 항구도시로 역사적으로 전쟁이 끊이지 않은 전국시대인 무로마치 막부 말기에 수군水軍도시 및 메이지시대 이후 일본 해군 자위대의 거점으로 발전된 일본 최대 이미바리IMABARI 조선소가 있는 곳이다.

구레시는 자연경관이 뛰어난 화려한 해양도시다. 1960년 중반 일본의 조선업의 발전과 함께하는 도시로서, 당시에는 일본 10대 대도시로 약 40만 명이 넘는 인구를 가지고 있었다.

그러나 1970년대 중반 이후 불황(닉슨 쇼크, 1차 및 2차 오일쇼크, 통상마찰)으로 중화학공업이 악화되면서 일본 조선산업도 큰 타격을 받아 대규모 구조조정으로 도크dock 문을 닫게 되었다. 일본 도쿄대를 비롯한 대학들에서는 조선학과가 대부분 사라지기도 했다. 이에 조선·철강·펄프·기계·금속 산업의 중심으로 성장한 해양공업도시 구레시는 조선업 불황에 따른 인력감축으로 주택 가격도 지속 하락했다. 결국 2005년 구레시는 혼슈에 있는 지역, 6개 섬(시모카마가리, 니사케시마, 구라히시, 가마카마리리, 도요시마, 오사키시모 섬) 등과 합쳐져 인구 약 25만 명 규모의 작은 도시로 축소되었다.

일본 홋카이도北海道의 유바리夕張시도 탄광의 도시로 번영했던 적이 있다. 하지만 석유 에너지 정책으로 1990년 미쓰비시

▼ 일본 홋카이도 유바리 지방도시

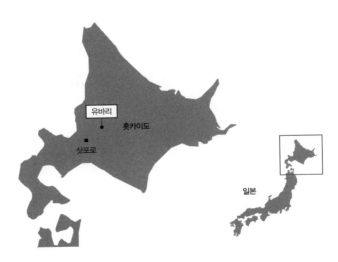

오유바리탄광三菱 大夕張炭鑛을 폐쇄하면서 석탄산업이 막을 내렸다. 유바리시도 2006년 3월 부채 349억 엔(약 3,525억 원)으로 재정상황이 급격히 악화되면서 파산을 맞이했다. 교육, 보건 등 모든 부분에서 시설투자 감소로 젊은 계층은 일자리와 교육 등의 이유로 삿포로札幌시로 이주를 시작했고, 고령인구 비율이 급증하며 주택 가격도 급락했다.

활기찬 도시만이 주택 가격을 상승시킨다

한때 큰 화제가 되었던 스웨덴 '말뫼의 눈물'을 기억하는가? 스웨덴 말뫼스웨덴어: Malmö는 발트해Baltic Sea와 카테가트해협 Kattegat Strait 사이에 있는 외레순해협스웨덴어: Öresund에 위치해 세계에서 번잡한 항로에 속하는 항구도시다.

1980년 전까지 스웨덴, 덴마크, 노르웨이 등의 북유럽 국가들은 세계적으로 해운 및 조선업에서 주도권을 가졌다. 하지만 한국, 일본, 중국에게 그 자리를 내놓으면서 특히 조선업이 급격히 쇠퇴했다. 그 당시 세계 최강의 조선업체인 스웨덴 코쿰스Kockums도 말뫼에 위치했다. 높이 128m, 폭 164m, 인양 능력 1,500t급, 자체 중량 7,560t으로, 당시로는 세계 최대의 코쿰스 크레인Kockums Crane을 보유해 조선강국의 상징이자 말뫼의 자부심이었다.

그러나 코쿰스 조선사는 1987년 파산하고 '코쿰스 크레인'을 1달러에 처분했다. 그 코쿰스 크레인은 지금의 현대중공업(대우조선해양과 합쳐져 한국조선해양이 됨)에서 보유한 '울산 골리앗 크레인'이다. 스웨덴 말뫼의 인구 약 30만 명 중 2만 7천 명이 실직에 빠졌고, 2002년 9월 말뫼 시민들이 코쿰스 크레인이 해체되고 운송선에 실려 사라지는 모습을 바라보며 눈물을 흘렸다.

당시 스웨덴 방송에서 장송곡을 틀며 '말뫼의 눈물'이라고 했다. 스웨덴 말뫼의 조선업 몰락과 함께 실업이 증가하고 주택 가격도 급락하는 사회문제가 대거 발생했다.

호주의 경우 제조업 기반이 취약한 반면 관광, 교육, 금융, 부동산, 의료 등 서비스업이 발달해 3차 산업이 전체 GDP의 약 79.9%를 차지하고 있다. 2015년 기준 철광석, 석탄, 천연가스 등 광산산업이 호주 전체 수출의 약 57%를 차지하고 있으며, 대부분 중국에 수출되고 있다.

최근 3년간 중국의 높은 경제성장률이 둔화되고 미·중 무역통상마찰과 함께 글로벌 경기둔화로 광산산업이 침체되면서 호주의 경제성장도 둔화되고 있다. 특히 호주의 서부 퍼스 지역은 상업적 가치가 있는 금이 발견된 이른바 골드러쉬Gold Rush에 의해 발전된 도시로 금, 철광석, 니켈, 알루미늄 등의 광물자원이 풍부해 여전히 광산산업으로 유명하다. 퍼스는 약 90만 명이 거주하는 도시이며, 세계 2위 광산회사인 리오틴토Rio Tinto 본사도 퍼스에 위치하고 있다.

2000년 초에 글로벌 원자재 수요가 급증하면서 서부지역의 광산 붐Boom으로 신흥 백만장자가 많아지고 광산업 고액연봉의 엔지니어들도 증가했다. 이와 함께 고급 주택들이 개발되면서 부촌이 늘어나고 부동산 가격도 폭등했다. 그러나 2009년 이후 광산업 침체를 시작으로 실업자들이 증가하면서 주택 가격도 급락했고, 퍼스는 도시의 활기를 잃어버렸다.

 이것만큼은 꼭 기억하자!

글로벌 지방도시의 집값을 보면 미래를 알 수 있다. 활기찬 도시만이 새로운 주거환경을 창출하게 되어 주택 가격 상승을 이끌 수 있다.

그렇다면 지방의 집값은
어떻게 될 것인가?

지방도시에서도 서울의 강남과 같은 지역이 존재한다. 하지만 지속적인 교통 확충, 새로운 인프라 시설 확장, 소득 증가 등이 제한되어 지방도시의 집값이 꾸준히 상승하기는 어려울 것이다.

앞서 이야기한 글로벌 지방도시를 한국에서 찾아보면 세계적인 철광회사 포스코Posco가 있는 포항, 세계 2위와 3위의 조선사가 있는 거제, 대기업의 기계납품업체 및 중소기업이 많은 창원, 제조업의 메카로 자동차 및 석유화학 등 대기업의 공장이 많은 울산 등이 있다.

국내 내수경기보다 해외수출에 의존도가 높은 산업구조를 가진 한국은 글로벌 경기변동, 대외 정치적 이슈 등의 외생변수들의 영향을 많이 받는다. 특히 지방도시는 특정 산업에 집

▼ 한국 중·대형 조선소 위치

중되어 있는 산업구조로서 글로벌 경기변화에 영향을 많이 받을 수밖에 없다.

따라서 자생할 수 있는 산업구조가 취약함에 따라 지역의 흥망성쇠興亡盛衰도 세계경제에 직접적 영향권에 있다. 따라서 부동산 가격도 앞서 살펴본 글로벌 지방도시의 산업구조 변화를 참조해보자.

지방도시의 주택가격도 그 지역의 산업이 견조하게 성장함에 따라 안정된 고용시장을 바탕으로 소득이 개선되어 새로운 주택수요를 창출해야 집값도 유지되고 상승할 수 있다.

예전 지역별 산업발전으로 주거인구가 증가하고 많은 유동

46

인구가 넘쳐나는 지방 산업도시는 '다이나믹 코리아'로서 3, 4교대 생산인구와 외국인 출장자로 음식점, 술집, 클럽은 새벽까지 불이 꺼지지 않았다.

특히 울산은 서울 다음으로 소득이 높은 주민소득 4만 달러를 이미 달성한 도시였다. 이에 호텔, 백화점, 국제학교 등이 들어서고 지역별 자연경관을 이용한 해양레저산업도 발달한 축복의 땅이었다. 그러나 호황의 시기가 지나고 경기침체 또는 불황이 시작되었다. 고급 음식점과 술집은 저렴한 가게의 간판으로 교체되기 시작했고, 고급아파트의 미분양과 공실률이 늘어났다.

새로운 도시재생과 산업구조가 다변화 되지 못할 경우 글로벌 지방도시처럼 낙후되고 활기를 잃어 결국 인구가 감소되어 잠재적 주택수요는 줄어들 수밖에 없다.

글로벌 지방도시들처럼 활력을 잃을 것

그 이유는 특정 산업이 발전하면서 인구와 소득이 증가해 왔던 상황에서 이제 그 산업이 쇠퇴하게 되자 지역의 소득 감소와 함께 인구 감소로 이어져 주택을 살 수 있는 여력이 낮아지기 때문이다.

미국 위스콘신 주에 있는 제인스빌Janesville은 자동차부품을 생산하고 자동차 제조업 GM의 공장이 위치한 약 6만 3천 명의 중산층 도시였다.

그러나 2008년 GM공장이 폐쇄한 이후 실직자가 급증하고 도시가 쇠퇴하고 있는 것과 같이, 2018년 5월 한국 군산도 GM공장 폐쇄를 공식화하면서 협력업체까지 포함하면 1만 명 이상이 실직되었다.

또한 2018년 3월 중형조선업체인 성동조선해양이 법정관리에 들어가며, 정부의 회생 방안을 기다리고 있는 통영도 실직자가 늘어나고 있다.

이에 정부가 발표한 남해안 발전거점 조성방안은 통영·거제의 버려진 조선소 공장부지에 도시재생으로 탄생한 스웨덴 '말뫼의 기적'을 꿈꾸고 있다.

스웨덴 말뫼는 10년 만에 신재생에너지, IT, 바이오 등 신산업 분야를 유치하면서 에코도시Eco City로 탈바꿈에 성공했다. 동쪽 스웨덴의 말뫼라는 활기를 잃은 항구도시와 서쪽 덴마크의 주요항구 코펜하겐Copenhagen을 연결하는 7.8Km 외레순 다리를 건설해 조선사의 부도로 실직상태에 빠진 노동자들의 실업을 해결하고 식품·제약·바이오 산업의 클러스터인 '메디콘 밸리'를 만들어 발전시키고 있다.

지방도시에서도 서울과 같은 강남지역이 존재한다. 새로운 허브로서 지속적인 교통확충, 새로운 인프라 시설 확장, 소득이 증가되지 않으면 지방도시의 집값은 계속 상승하기 어렵다. 그 해답은 글로벌 도시에서도 그 사례를 통해 알 수 있다.

 이것만큼은 꼭 기억하자!

새로운 산업 및 도시 활성화 계획이 없다면, 그리고 시행되지 않는다면 지방은 희망이 없다.

현재 서울 집값
급등의 이유는 무엇인가?

서울지역은 택지부족으로 주택공급이 원활하지 않아 높은 가격을 유지할 수 있지만, 정부의 부동산 수요억제 정책도 반드시 고려해야 한다.

현재 서울지역은 주택공급이 부족해 지속적으로 집값의 급등세가 유지될 수 있다는 굳은 신념을 가진 사람들이 많다. 물론 서울지역에 택지가 부족해 많은 주택수요를 현실적으로 충분하게 공급하지 못하는 점은 분명하다.

하지만 최근 정부의 정책과 맞물려 탄탄한 수요를 동반한 주택거래가 아닌, 한 채 또는 두 채의 거래가 집값의 호가를 올려버린 상황이 발생하고 있다. 급등을 유발시킨 소수의 거래가 그 해당지역의 대부분 거래를 동일한 가격으로 이루어질 수 있다는 착각을 불러일으키는 현상이 발생하고 있다. 마치 의사가 효과 없는 약 또는 치료법을 환자에게 처방했을 때, 환자가 호전되는 현상이 발생하는 플라시보 효과Placebo Effect처럼 말이다.

일본의 '화장지 소동'을 기억하는가?

이런 플라시보 현상과 비슷한 사회현상으로 일본에서 발생한 '화장지 소동'을 들 수 있다. 1973년 10월 6일부터 시작된 중동전쟁(팔레스타인 및 이스라엘 분쟁)은 대부분 중동산유국으로 구성된 석유수출국기구OPEC가 원유가격을 17% 인상하며 1차 석유파동Oil Shock을 유발시켰다. 그 당시 글로벌 소비에서 원유가 차지하는 비율이 약 53%로 유가가 다른 제품으로 전가되는 효과가 클 수밖에 없었다.

1973년 일본의 '화장지 소동'은 전체 에너지 중 석유가 약 80% 차지하던 상황에서 유가의 급등은 화학제품의 가격 인상으로 이어질 수밖에 없었다. 10월 19일 통상산업성 장관이 '종이를 아껴쓰자'라는 구호를 발표하고 국민에게 절약을 호소했다.

11월 '화장지 소동'이 전국으로 확산되기 며칠 전부터 오사카지역에서 화장지 부족 루머가 떠돌고 있는 상황이었다. 오사카지역 차사토 다이마루 플라자는 판매전단지에 '화장지 매진 예고'라는 문구로 호객행위를 했다.

순식간에 화장지가 매진되고 화장지 구입에 실패한 주부들의 항의가 빗발치자 언론사에서 '화장지 가격이 2배 이상 올랐다'라는 보도로 '일본은 화장지 부족사태에 돌입할 것'이라는 소문과 함께 일본 전체로 확산되었다.

일시적으로 화장지 가격은 약 3배가 오른 400엔까지 폭등하며 사재기하는 사람들이 많아졌고, 상점들은 화장지 재고 확보에 주력하는 등 화장지 생산업체는 생산량을 늘리게 되었다. 1974년 3월 상황이 완전히 진정되었지만, 실제로 그 당시에 화장지의 수급은 안정적이고 생산도 충분히 이루어지고 있는 상황이었다.

가상화폐인 비트코인의 미래

최근 블록체인Block Chain 기술을 기반으로 한 가상화폐(암호화폐)의 호황Boom으로 2017년 한국에 투기열풍이 몰려왔다. 특히 가상화폐를 대표하는 비트코인Bit Coin 가격은 2010년 7월 0.09달러(100원)에서 2018년 1월 약 2,600만 원까지 급등하

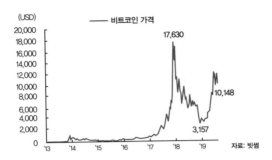

는 현상이 발생했다.

　다른 가상화폐의 가격도 함께 상승하며, 가상화폐를 대표하는 비트코인의 가격에 대한 논쟁이 뜨거웠다. 즉 거품(버블)이냐 아니냐는 찬반논란이 많았다. 결국 비트코인의 가격은 2018년 9월 750만 원으로 급락하고 다시 상승하며 급등락을 반복하고 있다. 향후 비트코인 가격은 다시 급등할 것이다 혹은 그렇지 않다라는 논란은 계속되고 있다.

　물론 새로운 블록체인 기술은 기존 거래장부에 대해 특정권리를 부여받아, 안전하게 보관해야 하는 상식을 뒤집어 모든 거래내역이 기록되어 분산되고 공개되는 거래장부로 만드는 기술이다. 이러한 신기술에 대한 가치를 더 높게 평가할 수 있지만, 일부 국가를 제외하고 많은 국가에서는 정상적인 투자가 아닌 것으로 간주해 강한 제재를 하고 있는 상황이다.

일반화폐로서 인정을 받지 못하는 이유로 변동성이 너무 크고 각 국가 화폐의 고유 가치를 훼손해 세금을 걷을 수 없다는 점을 들 수 있다. 따라서 다양한 접근방식으로 가상화폐의 블록체인 기술을 응용하고 상용화를 진행하고 있다.

일본의 '화장지 소동'과 가상화폐 '비트코인', 이 2가지 사례를 통해 플라시보 효과Placebo Effect 및 호황Boom 을 설명했다. 서울지역의 집값 상승을 맹신하기보다 여러 가지 원인분석을 통해 주택공급 측면뿐만 아니라 수요 측면도 반드시 고려해야 한다.

물론 서울지역의 택지부족으로 주택공급이 원활하게 되지 않아 가격 상승 또는 높은 가격으로 유지될 수 있지만, 정부의 대출규제, 전매제한, 종부세 및 양도세 부과 등과 같은 부동산 정책으로 인한 수요억제도 반드시 고려해야 하는 상황이다.

 이것만큼은 꼭 기억하자!

서울지역의 수요와 공급 부분을 꼼꼼히 확인하자. 더욱이 정부의 정책도 반드시 고려하자.

그 중에서도
서울 아파트가 최고다

SEOUL

서울의 부동산은 장기적으로 볼 때 가장 안전한 실물자산이 될 수 있으며, 안정적인
임대수익도 추구할 수 있다.

일본은 제조업을 중심으로 경제가 성장하고 현재 저출산 사
회와 고령화 사회로 진행하고 있는데, 한국과 유사한 점이 많
다. 뿐만 아니라 일본의 부동산 사랑은 한국에 뒤지지 않을 정
도로 '토지불패 신화'를 믿었던 시기가 있었다.

　일본의 경제성장에 따른 부동산 거품(버블)과 현재 도쿄의
부동산시장을 통해 서울 부동산의 미래를 비춰보자. 일본 도
쿄의 사례를 통해 어느 정도 우리 부동산의 미래를 볼 수 있
을지도 모른다.

도쿄를 보면 서울을 알 수 있다

제조업을 기반으로 한 일본의 고도성장은 1955년부터 약 20년 간 지속되었다. 이 시기 일본의 경제성장률은 연평균 9%로 1988년 세계 50위 기업에 일본기업이 23개를 차지하는 쾌거를 기록했다. 이에 일본은 1960년부터 1970년까지 10년간 소비자물가지수Consumer Price Index: 소비자가 구매하는 상품 가격 변동지수가 약 2배 상승하는 데 반해 토지 가격은 50배가 오르는 현상이 발생했다.

한편 1973년 1차 석유파동, 1978년 2차 석유파동으로 석유 의존도가 높은 일본의 제조업이 타격을 받았다. 이에 '고정환율제'를 선택해 지속적인 성장세를 유지하기를 원했다. 하지만 미국을 중심으로 한 G5(미국, 독일, 영국, 프랑스, 일본)는 1985년 플라자합의를 통해 달러를 평가절하시키고 일본 엔화 및 독일 마르크화를 평가절상해 각국 제조업의 경쟁력을 회복시키고자 했다.

따라서 미국 1달러에 일본 259엔인 고정환율이 149엔으로 엔화가치를 절상시켜 하루아침에 약 2배로 상승되었다. 이러한 엔화강세에 따른 일본 기업들의 수출 타격으로 인해 경제 악화도 불가피했다. 이에 일본정부는 1986년 1월부터 1987년 2월까지 5차례에 걸쳐 기준금리를 5%에서 2.5%로 인하해 제조업의 투자활동을 부양시켜 수출경쟁력을 높이고자 했다.

하지만 대부분 기업들은 대출을 받아 설비투자보다는 금융상품투자를 통한 재테크 수단으로 활용했다. 저금리에 따른 시중 유동자금은 부동산투자에 몰리고 부동산 가격이 급등하게 되어 은행의 부동산 대출도 빠르게 증가했다. 또한 부동산담보대출LTV도 200%나 가능했으며 대출경쟁도 치열해지면서 대출이자도 하락하게 되었다. 오래 전부터 가지고 있던 고정관념인 '토지불패 신화'를 믿었으며, 불안한 경제상황에서 가장 안전한 투자처로 부동산을 선택하게 된 것이다.

이런 저금리와 토지에 대한 대출이 토지가격의 2배(LTV 200%)까지 가능해 일본 전체가 부동산 열풍에 휩싸였다. 도쿄를 시작으로 도쿄의 위성도시인 다마현, 요코나가와현, 사이타마현, 지바현 등으로 국지적 과열현상과 함께 다른 대도시 오사카, 나고야 등으로 확산되었다.

일본 도쿄는 1981년부터 1990년까지 10년 동안 약 5배 폭등해 매년 평균적으로 5%씩 상승했다. 특히 1987년에서 1988년 1년간 도쿄집값은 3배 상승해, 그 당시 "도쿄의 땅을 팔면 미국을 살 수 있다"는 농담이 있을 정도로 일본의 부동산 버블현상은 대단했다. 도쿄 지하철 긴자선이 있는 신바시, 아사쿠사 등과 같은 지역의 부동산 가격은 10배가 급등하는 현상도 발생했다.

결국 일본은 플라자합의 후 1985년에 엔화 평가절상에 대한 대안으로 저금리 정책을 추진했다. 이로 인해 부동산투자 열풍과 주택 가격 버블을 만들게 되었다.

일본정부는 1989년 5월부터 1990년 8월까지 기준금리 2.5%에서 6%까지 빠르게 인상하고 1990년 4월 부동산 대출 규제인 '부동산융자 총량규제'를 도입해 기존 LTV 200%를 70%로 제한했다. 이러한 급격한 금리 인상과 대출규제 및 세제개편(1992년 지가세 도입) 등으로 1991년 부동산 가격은 폭락하면서 금융회사뿐만 아니라 한계기업 및 개인 등이 파산하며 일본의 경제위기가 시작되었다.

그 유명한 일본의 '잃어버린 20년'

그후 10년 동안(2001년) 주택 가격은 최대 60%, 상업빌딩의 경우 80% 폭락하며 부동산에 적극적인 투자를 한 튼튼한 기업인 교와共和, 아리토요카세이有豊化成 등이 사라졌다. 1990년 초 부동산 및 주식의 위험에 노출이 컸던 중소형 은행, 증권사, 중소 건설사, 부동산 전문회사 등이 집중적으로 파산했다.

1997년 닥친 아시아 외환위기로 아시아지역의 사업손실 및 부실채권 등에 시달리면서 대기업과 대형 금융사까지 문을 닫았다. 1998년 일본 3대 증권사인 야마이치山一증권, 일본 최대의 지방은행 홋카이도타쿠쇼쿠北海道拓殖은행에 이어 1999년 일본장기신용은행 등이 파산하고, 기업의 경영진 등이 일본식 '할복'으로 종업원과 고객에게 사죄하는 사건들도 발생했다.

일본의 부동산 버블현상은 1985년 플라자합의 후 엔화 강세로 인한 경제의 어려움을 극복하기 위해 부양책으로 시행한 저금리정책의 영향이 컸다. 이에 대한 부작용으로 시중에 유동성 과잉공급이 일어나고 부동산은 투자에서 투기로 변질되어 부동산 급등현상이 발생한 것이다.

이와 반대로 일본 부동산의 폭락현상은 정부의 급격한 고금리 정책으로의 전환과 부동산 대출규제와 더불어 세제개편 역시 원인이 되었다는 지적도 있다.

따라서 1990년 일본 주택 가격 버블시대가 막을 내리면서 일본경제는 장기 침체로 접어들어 '잃어버린 20년'의 시작을 알렸다.

여기서 주목해야 할 것은 일본처럼 한국의 집값이 폭락하더라도 일본의 도쿄처럼 한국의 서울은 다시 회복할 수 있다는 점이다. 2017년 경기회복과 2020년 도쿄 올림픽을 앞두고 수도권 고급아파트(맨션) 가격도 1990년 일본 부동산 버블시대의 최고치 상승률과 비슷한 수준까지 회복했다는 점이다.

최근 고가맨션 가격이 1억 엔(약 10억 원)이라는 뜻의 '오쿠

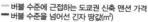

▼ 되살아나는 일본 도쿄권 부동산 가격

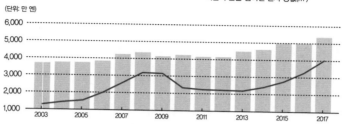

(단위: 만 엔)

버블 수준에 근접하는 도쿄권 신축 맨션 가격
버블 수준을 넘어선 긴자 땅값(㎡)

*긴자 땅값은 ㎡당 만 엔, 도쿄 최고 공시지가 기준.

자료: 일본 국토교통성·일본부동산경제연구소

션'이라는 유행어가 등장하며, 도심 재개발로 도쿄 긴자(평당
약 1.2억 원)銀座, 마루노우치丸の内, 오테마치大手町 등의 주요 상업
지구의 가격은 사상 최고치를 갱신하고 있다.

　따라서 한국 서울의 집값과 부동산은 장기적으로 볼 때 가
장 안전한 실물자산이 될 수 있으며 안정적인 임대수익을 추
구할 수 있을 것이다. 물론 일본과 한국의 산업구조, 부동산
가격, 경제성장, 정치적 상황이 일치하지 않지만 많은 부문에
서 닮은꼴을 고려할 때 쉽게 간과해서는 안 될 것이다.

 이것만큼은 꼭 기억하자!

　이웃나라 일본 도쿄의 부동산 이야기를 통해 한국 서울을 비춰본다.

인플레이션을 가볍게 여겨서는 안 된다

금리는 부동산 가격에 직접적인 영향을 미친다

임대수익률을 알면 부동산투자의 옥석을 가릴 수 있다

부동산 가격 상승을 위한 3가지 조건

경기와 경제흐름은 서울 집값에 어떤 영향을 주나?

빈집쇼크, 어디까지 확장될 것인가?

그렇다면 수도권 집값은 어떻게 될 것인가?

2장

서울 주택가격을
결정하는 요인들

한국의 저출산 및 고령화 현상은 지방도시의 빈집쇼크로 이어질 수 있다. 수도권 (서울, 경기도)에 경제가 더욱 집중되고 인구, 소득, 문화 등이 발전할 것으로 예상된다. 임대수익률을 통해 투자의 기준을 만들고, 잘못된 투자를 예방하고, 올바른 투자를 하자. 이를 위해 반드시 고려해야 하는 것은 금리인데, 그 이유는 인플레이션이 존재하는 한 지대(地代)가 있기 때문이다. 일반적으로 기준금리 인하는 주택수요를 증가시켜 주택가격을 상승시키는 중요한 변수가 된다. 하지만 부동산 원론으로 볼 때, 부동산 가격상승을 위한 3가지 조건은 '① 희소성 ② 소득이 높은 사람들이 전입하는 지역 및 군집 ③ 교통, 편의시설, 학군'이라는 것을 반드시 기억해야 한다.

인플레이션을
가볍게 여겨서는 안 된다

장기적으로 볼 때 좋은 지역(수요가 많은 곳 또는 소득이 증가하는 곳)에 주택을 가질수록 유리하다. 한 채의 주택을 소유하는 건 욕심이 아닌 세상을 살아가는 지혜다.

인플레이션Inflation이란 통화량의 증가로 화폐가치가 하락해서 모든 상품의 가격이 전반적으로 상승하는 경제현상을 말한다. 이러한 인플레이션이 발생하는 원인은 간단하다. 수요는 대폭 늘어나는데 공급은 늘어나지 못해 결국 제품가격이 상승하기 때문이다.

　이런 물가를 안정화시키기 위해 정부는 금융정책으로 금리를 인상시킴으로써 자금조달이 어려워지게 만드는 긴축재정을 단행할 수 있다. 반대로 디플레이션Deflation으로 경기침체로

실업률이 증가하고 실질소득이 감소하는 상황에서는 금리를
인하시켜 화폐 통화량을 늘려 유통시키는 확장재정 또는 금
융완화정책을 시행한다.

물가지수를 파악하자

이에 물가의 변동을 파악하기 위해 작성된 물가지수Prices
Index는 거래단계 중에서 도매시장에 해당되는 도매물가지수
Wholesale price index, 최종소비자가 구입하는 상품가격 동향인
소매물가지수Retail price index, 생계비를 구성하는 5가지 상품과
서비스(식료비, 주거비, 광역비, 피복비, 잡비)의 가격변동을 나타내
는 생계비지수Living cost index가 있다.

이 중에서 통계청에서 작성하는 대표적인 생계비지수인 소
비자물가지수CPI, Consumer price index는 소비자가 구입하는 상품
이나 서비스의 가격변동을 나타낸다.

또한 국내 소비자물가지수는 전국 37개 도시 중 도시별로
대표적 시장에서 소매점포 및 서비스업체 대상으로 재화 및
서비스의 481개 가격을 조사해 집계한다.

2010년 소비자물가지수 개편안으로 시대에 따라 사람들이
많이 쓰는 재화나 서비스의 품목이 변화하지만 주거생활 관

련 품목은 전세와 월세이다. 2017년 전체 가중치 1,000을 기준으로 전세 48.9, 월세 44.8로 주거만 차지하는 비중이 93.7로 가장 크다.

결국 주택가격도 물가상승에 중요한 지표로 작용하고, 인플레이션 경제상황에서 주택가격 상승이 미치는 영향은 가장 크며 자산의 증가로 이어질 수 있다.

뿐만 아니라 토지소유자가 토지를 임대해 징수하는 대가(수익 또는 화폐)로 지대가 존재한다. 토지의 자연 생산적, 지리적 위치, 인적 및 사회적 중심지 등에 따라 우량지와 열등지가 나타나고, 지대에 따른 대가는 다르게 나타난다. 과거에도 현재에도 미래에도 물가상승에 따른 인플레이션이 존재한다면 지대에 대한 대가는 항상 존재하는데, 우량지를 잘 선택해 수익을 확대해나가야 한다.

인플레이션에 대비하려면 부동산은 필수다

자본주의에서 노동에 대한 대가인 노임, 이익을 추구하는 이윤, 자본에 대한 이자 등과 같이 토지에 대한 지대는 존재할 수밖에 없다.

중세 봉건시대 유럽에서는 공작Duke, 후작Marquis, 백작Earl,

자작Viscount, 남작Barcon으로 5단계 귀족계층은 권력과 영토 등이 주어지며 왕과 동등한 권한을 가지고 있었다. 작위 순서 대로 공작 또는 후작은 대귀족으로 수백만 인구와 넓은 영토 를 지배하며 왕과 같은 성castle을 소유할 수 있었다.

그러나 16세기 영국 인클로저Enclosure 운동으로 주인이 없 는 황무지, 국가의 공유지에 있는 숲과 나무, 잡초 등을 양과 가축에게 먹이기 위해 돌담과 울타리를 쳐서 사유지임을 명 시하는 사회현상이 나타났다. 이에 영국에서 양복과 같은 모 직물 수요가 급증하면서 양털 값이 폭등하게 되자 농민들에 게 지대를 받는 것보다 양을 길러 양모를 생산하는 것이 더 큰 수입을 창출하게 했다.

이런 운동은 17세기 영국이 봉건사회에서 자본주의로 넘어 가면서 영주와 함께 귀족계층과 농민의 하위계층 외에 새로 운 계급인 젠트리Gentry와 요맨Yeoman이 등장하게 된다.

젠트리Gentry는 넓은 의미로 '귀족을 포함한 가문이 좋은 사 람들'이라는 뜻으로, 중산적 토지소유층을 말한다. 신분은 귀 족 아래로 가문의 문장紋章 사용이 허용되었으며, 양모 생산의 확대와 도시로 떠난 농민들의 토지를 매입한 신층지주地主들 이다.

젠트리는 현재 쓰이는 단어인 젠틀맨Gentleman의 어원이며, 시대의 변화에 따라 교양을 가진 예의바른 남성을 지칭하는 단어로 쓰이게 되었다.

요먼Yeoman은 영국에서 젠트리와 영세 소작농 사이에 위치한 독립자영농민으로, 신분적으로 경제적 부를 축적한 계층이다. 봉건제 붕괴시기에 농노해방 과정에서 자연스럽게 형성된 계층으로 하층농민을 고용한 후 농업을 경영해 산업자본의 초기 모형이 된다.

그 결과 영국에서는 지주地主인 젠트리Gentry와 부농富農인 요먼Yeoman의 자본축적이 가능해지고, 도시자본가가 성장하는 계기가 되었으며, 기술개발을 위한 투자자가 등장하면서 산업혁명의 초석이 마련되었다.

또한 모직산업이 발전하면서 농가의 황폐와 빈곤이 증가되어 빈농들은 도시로 유입되고 값싼 노동력이 제공되면서 거대하고 새로운 패러다임으로 산업혁명이 일어난다. 도시자본가는 이들 싼 노동력을 기반으로 산업혁명을 촉진시켰다.

경제성장이 지속되면 인플레이션이 발생하게 되고 이에 임금도 상승해 물가지수에 가장 큰 비중을 차지하는 지대(전세 및 월세)도 상승한다. 결국 택지와 토지를 소유한 자가 지금 시대에도 자본가로 지속 성장할 수 있다는 결론에 이른다.

따라서 장기적으로 좋은 지역(수요가 많은 곳 또는 소득이 증가하는 곳)에 주택을 가질수록 유리하고, 한 채의 주택을 소유하는 건 욕심이 아니다.

하나의 가족을 구성해 가정을 꾸리게 되면 주택을 소유하는 것은 세상을 살아가는 지혜롭고 합리적인 필수조건임을 분명히 인플레이션(물가상승)을 통해 알 수 있다.

 이것만큼은 꼭 기억하자!

인플레이션이 존재하는 한 금리가 있고, 금리가 있는 한 지대(地代)가 있다.

금리는 부동산 가격에
직접적인 영향을 미친다

기준금리 상승은 대출금리를 상승시켜 결국 주택담보대출금리도 상승시킨다. 반대로 기준금리 하락은 주택담보대출금리도 하락시켜 주택수요를 증가시킨다.

앞에서 살펴본 것과 같이, 국가가 기준금리를 인상하게 되는 이유는 경기호황에 따른 인플레이션이 유발되어 물가가 상승하기 때문이다. 이에 대출금리를 상승시켜 시중자금을 중앙은행으로 끌어당기는 효과와 함께 예금금리를 상승시켜 저축을 유도한다. 한편 주택담보대출 금리도 상승시켜 기존 또는 신규 주택구매자의 심리를 악화시키고, 주택구매에 대한 이자비용을 증가시켜 주택구매에 대한 부담을 가중시킨다.

대부분 주택구매자는 집을 살 때 자기자본이 부족해 타인자본의 차입이라는 지렛대를 삼아 레버리지Leverage, 즉 은행의 대출을 이용한다. 다만 경기호황에 따른 기준금리 상승은 경제성장을 통한 소득증가로 이어져 부동산 임대료의 상승까지 이어지는 긍정적인 신호이다.

하지만 경기둔화에도 불구하고 낮아지지 않는 기준금리는 부동산 임대료 상승 없이 주택담보대출 금리 상승에 따른 이중고二重苦를 겪을 수 있다. 이런 시기에는 시세차익을 목적으로 주택매매가격과 전세가격 간의 차이가 적은 주택을, 전세를 끼고 매입하는 투자방식의 갭Gap투자는 위험해진다.

반대로 경기가 바닥으로 경기개선이 시작되는 시점에서는 낮은 기준금리, 일시적으로 완화된 대출규제를 고려해 주택담보대출을 이용해서 적극 투자할 수 있는 기회를 제공한다.

초저금리의 효과

2008년 미국 리먼사태, 2011년 유럽재정위기에 따른 세계 각국은 양적완화뿐만 아니라 금리를 계속 낮춰 글로벌 저성장 및 저금리시대를 맞이하게 되었다. 그 결과 시장에 유동성을 풍부하게 만들어 화폐의 가치는 하락하고 실물자산인 부동산의 가치는 상승하며 글로벌 경제위기에 급락한 부동산 가격

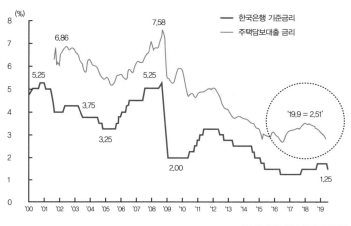

▼ 한국은행 기준금리 및 주택담보대출 금리

을 점진적으로 회복시켰다.

　이런 저금리는 글로벌 투자의 확대와 고용증대로 이어져 경기회복과 소득이 개선되기 시작했다. 이에 글로벌 부동산 시장도 다시 활기를 되찾기 시작한 것은 글로벌 경기회복으로 경제성장률이 대폭 개선되면서 실질소득도 증가해 새로운 주택수요가 늘어났기 때문이다. 소득증가는 새롭고 더 좋은 주택을 선호하게 하고, 주택건설 투자도 확대하게 한다.

　또한 저금리는 리스크가 큰 개발사업에 과감하게 투자하게 하고, 새로운 부동산 사업에 대한 조달비용 및 이자비용을 감소시켜 사업성을 높이는 효과도 발생하게 된다.

　기준금리를 인하하게 되면 래깅효과Lagging Effect로 시간적

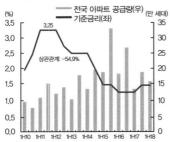

▼ 기준금리와 주택공급은
   역(−)의 상관관계

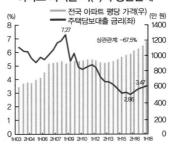

▼ 주택담보대출 금리와
   아파트 가격은 역(−)의 상관관계

차이는 있지만 향후 주택담보대출 금리도 인하된다. 또한 기준금리 인상으로 주택담보대출 금리도 서서히 인상되어 같은 방향으로 진행된다. 물론 주택담보대출 금리가 기준금리에 대비해 미리 반영되어 선행하는 경우가 많다.

하지만 주택담보대출 금리는 기준금리를 선행하기도 하고 후행하기도 한다. 한국의 주택을 대표하는 아파트를 기준으로 기준금리와 아파트 공급, 주택담보대출 금리와 아파트 가격의 상관관계를 분석해보면 위의 그림과 같다.

기준금리와 아파트의 공급은 밀접한 역의 관계를 가지며 상관관계 −54.9%로 나타난다. 즉 기준금리 인하는 아파트의 공급을 증가시키고, 기준금리 인상은 아파트의 공급을 감소시키는 효과가 있다는 것이다.

따라서 주택공급은 잠재수요를 예측하는 기준이 되기 때문에 주택공급이 늘어난다는 것은 수요도 동시에 늘어난다는 것을 의미한다. 또한 기준금리 인하는 주택구매심리를 개선시키고, 주택수요 증가로 인해 이는 다시 주택공급 증가로 이어지는 것을 의미한다.

저금리 기조는 가계대출을 증가시키며, 가계대출의 약 40%가 주택담보대출이다. 다음으로 주택담보대출금리와 아파트 가격도 역의 관계로서 상관관계 −67.5%로 기준금리와 아파트 공급의 상관관계보다 더 많은 상관성을 가지고 있다. 주택담보대출금리가 인하되면 아파트 가격은 상승하고, 주택담보대출금리가 인상되면 아파트 가격은 하락하는 효과가 있는 것이다.

결론적으로 기준금리 인하는 주택담보대출 금리를 인하시키고, 주택구매 심리를 자극해 새로운 주거수요를 창출한다.

금리 인상기의 이슈들

거시경제학에서 보면, 저금리는 기업의 투자활동을 높여 고용시장이 개선되고 실업률 감소와 소득증가로 가계소비를 확대시키는 효과가 발생한다.

이러한 저금리는 향후 물가상승(인플레이션)을 유발시키고, 실물자산인 부동산 가격을 상승시킨다.

반면 지속적인 물가상승은 결국 소비를 위축시키고, 생산비용의 상승은 기업의 제품생산을 줄이고 고용시장을 악화시켜 실업률 증가로 나타나 결국 주택수요도 감소시킨다.

이에 인플레이션을 방지하기 위해 국가는 금융정책의 일환으로 기준금리를 올려 시중에 풍부한 유동성을 끌어들여 감소시키게 한다.

기준금리 상승은 주택담보대출 금리도 상승시켜 주택수요를 억제하는 효과가 있다. 따라서 국가의 금융정책의 일환으로 기준금리 인상과 인하는 국가 전체의 경제활동을 결정짓는 중요한 핵심요소인 것이다.

결국 은행대출 없이 자기자본으로 부동산에 투자할 경우에는 대출이자도 투자자 본인 몫으로 돌아가기 때문에 임대수익률은 더욱 커지는 효과가 있다. 반대로 무리한 은행대출을 통한 임대사업은 위험에 노출될 가능성이 크다.

그 이유는 경기변동에 따른 금리변수, 임대료 변화, 정부의 부동산 규제정책으로 지역별 대출규제, 세금부과(종합부동산세, 취득세, 재산세 등)에 따른 임대수익이 감소될 수 있는 많은 요인이 존재하기 때문이다.

그리고 충분한 임대수익이 나오는 지역에서는 부동산 경기 바닥국면에서 적극적인 은행대출을 통한 임대사업도 가능하다. 하지만 정부의 부동산 정책은 반드시 검토해야 한다.

한편 경기호전에 따른 금리인상기에는 은행대출금리가 가파르게 올라갈 수 있는 점도 부동산투자를 할 때 간과해서는 안 되는 부분이다.

 이것만큼은 꼭 기억하자!

기준금리 하락은 주택담보대출 금리를 하락시켜 주택수요를 증가시킬 수 있다. 반면 기준금리 상승은 주택담보대출 금리 상승으로 이어져 주택수요를 하락시키는 주요한 요인이 된다.

임대수익률을 알면
부동산투자의 옥석을 가릴 수 있다

Cap Rate가 높다는 것은 순수임대수익(NOI)이 높거나 매입가격(투자금)이 낮다는 것이다. Cap Rate를 높이는 것이 무엇보다 중요하다.

임대수익률Rental rate of return 또는 자본환원율Capitalization rate을 통해 고평가된 주택의 가치를 파악해 잘못된 투자를 예방하고, 현실적인 가치 평가를 통해 합리적 투자를 할 수 있다.

$$임대수익률(Rental\ rate\ of\ return) = \frac{(월세X12개월) - 대출이자X100}{매입가격 - (대출금+보증금)}$$

이러한 공식을 자세히 알고 있지 못하더라도, 우리는 기본적으로 주택 또는 상가를 구입할 때 자연스레 계산하게 된다.

예를 들어 3.5억 원으로 85m² 주택(오피스텔, 다세대, 단독주택 등)을 매입하고 주택가격의 40%LTV: Loan to Value ratio를 은행대출로 1.2억 원을 연 3.5% 금리로 빌렸다. 보증금 3천만 원에 월세 70만 원을 받는다고 가정할 경우, 임대수익률이 얼마인가를 계산해 보면 약 2.1%(월세 840만 원 − 이자 420만 원/실투자금 2억 원)가 된다.

다주택자의 경우 종합부동세도 3주택자 이상이면 누진세 0.3%p를 부과하지만 2주택자 이하는 세율이 낮거나 없다. 단순히 재산세를 공시가격의 60%로 구간별 산정하면 57만 원, 취득세는 85m² 이하인 경우 1%이고 농어촌특별세는 비과세로 제외된다. 이에 지방교육세 0.1%를 합산해 1.1%를 적용하면 33만 원이 된다.

또한 중개수수료도 주택가격 구간별로 수수료 기준은 다르지만 3억 원 이상으로 분류되어 일반적 주택매매 중개수수료는 0.4%로 120만 원을 지불해야 한다. 결국 임대수익 430만 원에서 매년 57만 원의 재산세를 납부해야 하고, 처음 구입한 취득세는 첫해에 33만 원의 세금과 중개수수료 120만 원을 추가 부담해야 한다.

또한 초기에 발생하는 취득세와 중개수수료를 제외하더라도 결국 임대수익률은 부동산 관련 연간 지불해야 하는 재산세를 납부하고 나면 1.8%(420만 원 − 재산세 57만 원/실투자금 2억

▼ 부동산 취득세의 합계세율

구분			취득세	농어촌특별세	지방교육세	합계 세율
주택	6억 원 이하	85m² 이하	1%	비과세	0.1%	1.1%
		85m² 초과	1%	0.2%	0.1%	1.3%
	6억 원 초과 ~ 9억 원 이하	85m² 이하	2%	비과세	0.2%	2.2%
		85m² 초과	2%	0.2%	0.2%	2.4%
	9억 원 초과	85m² 이하	3%	비과세	0.3%	3.3%
		85m² 초과	3%	0.2%	0.3%	3.5%
주택 외 매매(토지, 건물 등) ※기본세율			4%	0.2%	0.4%	4.6%
원시취득, 상속(농지 외)			2.8%	0.2%	0.16%	3.16%
증여			3.5%	0.2%	0.3%	4%
농지	매매	신규	3%	0.2%	0.2%	3.4%
		2년 이상 자경	1.5%	비과세	0.1%	1.6%
	상속		2.3%	0.2%	0.06%	2.56%

▼ 주택공시가격×공정시장가액비율

과세표준	주택공시가격×공정시장가액비율(60%)	
세율	과세표준	세율
재산세	6천만 원 이하	0.1%
	6천만 원 초과~1억 5천만 원 이하	6만 원+6천만 원 초과금액의 0.15%
	1억 5천만 원 초과~3억 원 이하	19만 5천 원+1억 5천만 원 초과금액의 0.25%
	3억 원 초과	57만 원+3억 원 초과금액의 0.4%
	※별장은 세율 4%	
세부담 상한	전년 대비 세 부담 증가를 상한비율 이하로 제한하는 제도 - 비율: 주택공시가격이 3억 원 이하 5%, 6억 원 이하 10%, 6억 원 초과 30%	

원)로 감소한다.

　마지막으로 건물에 발생하는 수선비는 집주인이 부담해야 한다. 또한 주택임대시에 발생하는 일시적 공실과 임대차 계약시 중개수수료도 발생한다는 것을 잊어서는 안 된다.

　임대수익률의 실질 계산방법은 다음과 같다.

1) 70만 원×12개월 = 840만 원(임대수입), 1.2억 원의 연간

  3.5% = 420만 원(은행이자)

2) 매입가격 3.5억 원 − (은행대출 1.2억 원+보증금 0.3억 원)

  = 2억 원 실투자

3) 420만 원/2억 원=2.1%(430만 원-57만 원)/2억 원=

  1.8%(나머지 수선비, 중개수수료 제외)

따라서 다음의 5가지를 꼭 확인한 후 주택을 구매하자.

1) 주택 가치 산정: 실질 임대수익률

2) 첫 구입시 발생: 취득세, 부동산 중개수수료, 초기 수선비

3) 매년 발생: 재산세, 종합부동산세

4) 임대: 부동산 중계수수료(2년 또는 1년 갱신 수수료)

5) 건물 수선비: 임차인 변경시 수선관리비 정산(임대인 부담)

임대수익률이 여러 투자안의 기준이다

이제 안정적 임대수익을 얻는 현실적 계산법을 익히고 나면, 향후 주택가격 상승시 차익을 실현하기 위해 반드시 고려해야 하는 세법에 대해 알아보자. 주택을 매도할 때 발생하는 양

도소득세 및 중과제도, 지역별 세율을 체크해서 실제 차익을 알 수 있다.

위에서 살펴본 임대수익률Rental rate of return보다 더 실전처럼 부동산 전문가가 계산하는 방식이 자본환원율Capitalization Rate이다. 원래 부동산 투자회사REITs가 새로운 부동산 매입 또는 매각시 계산하는 Cap Rate 방식은 운영순이익NOI, Net Operating Income을 현재 부동산 가격Current Market Value으로 나누어 계산한다.

이런 공식을 조금 쉽게 만들면 아래와 같이 사용할 수 있다.

$$자본환원율 = \frac{순수임대수익(NOI)X100}{매입가격(투자금 \ or \ 현재 \ 부동산 \ 가격)}$$

운용순이익NOI을 순수임대수익으로, 부동산가격Current Market Value을 매입가격 또는 투자금으로 인식하면 더욱 쉽게 이해할 수 있다.

순수임대수익은 임대를 통해 발생하는 모든 수익(임대료+주차요금 등)에서 운영경비(관리비, 보수비, 세금, 보험료 등 포함)를 제외한 금액을 말한다. 단, 대출시 발생하는 대출이자와 건물의 감가상각비는 운용경비에 포함하지 않는다.

자본환원율Cap Rate의 계산 공식을 변경해 여러 가지 방식으로 다른 것을 대입해 계산할 수 있다.

예를 들면 기존 건물을 리모델링 또는 개축Rebuilding을 통해 새로운 디자인의 건물로 재탄생할 경우, 매입가격 또는 투자금을 향후 미래의 부동산 가격으로 대입하고 향후 발생하는 순수임대수익으로 대처해 Cap Rate를 구할 수 있다.

또한 보수적으로 계산하고 싶을 경우, 운용경비에 대출이자 비용과 일괄적으로 기간을 정해 감가상각비를 포함해도 무방하다. 그럴 경우 아주 저평가된 건물만 선정되기 때문에 투자에 어려움이 있다. 또는 현재 부동산 가격Current Market Value을 알고 싶을 때, 수학공식처럼 자본환원율Cap rate을 순수임대수익NOI으로 나누어 구할 수 있다.

$$\text{현재 부동산 가격} = \frac{\text{순수임대수익(NOI)X100}}{\text{자본환원율(Capitalization Rate)}}$$

Cap Rate가 높다는 것은 순수임대수익NOI이 높거나 매입가격(투자금)이 낮다는 것이며, Cap Rate가 낮다는 것은 순수임대수익이 낮거나 매입가격(투자금)이 높다는 것을 의미한다. 그렇기 때문에 Cap Rate를 높이는 것이 중요하다.

이는 주택보다 상가 또는 건물 등에 투자할 때 사용되는 계산법이며, 건물가치Real estate valuation를 측정하기 좋은 방식이다.

위에서 제시한 부동산 투자를 하기 위해 선행되는 계산방법을 통해 고려해야 하는 항목을 체크할 수 있다. 이때 부동산 투자를 위한 자기만의 방식을 추가해 본인의 재정상황에 맞게 적용하는 것이 무엇보다 중요하다.

　다만 부동산 투자에 앞서 적합한 항목을 모두 체크해서 반드시 포함시켜 계산해야 한다.

 이것만큼은 꼭 기억하자!

임대수익률을 알면, 잘못된 투자를 예방하고 올바른 투자를 할 수 있다.

부동산 가격
상승을 위한 3가지 조건

주택가격 차별화 현상은 오래전부터 글로벌 모든 지역에서 나타나는 자연스러운 사회현상이며 앞으로 더욱 심화될 것이다. 따라서 부동산 가격 상승을 위한 3가지 조건을 기억하자.

부동산 시장은 새로운 수요자를 중심으로 맞춤 형태로 다양하게 변화하고, 주택의 구조 및 형태, 편리함, 안정감 등과 같은 다양한 수요needs가 끊임없이 발생한다.

주택가격의 차별화 현상은 오래전부터 글로벌 모든 지역에서 나타나는 자연스러운 사회현상이며, 앞으로 더욱 심화될 것으로 예상된다. 따라서 부동산 가격이 상승하는 3가지 조건을 꼭 기억하자.

부동산 가격은 '토지(택지)+건물의 가격'으로 이루어진다.

건물가격은 약 30년이 되면 감가상각이 '0'으로 가까워진다. 이에 토지(택지)가격이 상승하기 위한 조건은 무엇일까? 첫째, 희소성이다. 둘째, 소득이 높은 사람들이 전입하는 지역 및 군집이다. 셋째, 교통, 편의시설, 학군이다.

부동산의 희소성

먼저 부동산의 희소성scarcity, 稀少性이란 주변에 토지가 많지 않아 주택을 지을 수 있는 택지가 부족한데, 주택에 대한 수요는 많은 지역을 말한다. 토지(땅)가 모자라서 더 이상 집을 짓지 못하는 곳, 합리적·논리적·상식적으로 이해할 수 없는 땅값, 새로운 택지에 주택이 더 이상 공급할 수 없는 지역 등으로 정의할 수 있다.

결국 새로운 주택 형태가 재건축 또는 재개발을 통해서만 공급되는 택지가 진정한 희소성의 가치가 있는 곳이라 할 수 있다.

이해하기 쉽게 사막을 상상해보라. 저자는 중동지역 아랍에미리트United Arab Emirates에서 아부다비 수도에 근무한 적이 있다. 아라비아 반도 동부에 있는 7개 토후국土侯國의 연합으로 만들어진 국가로서 두바이Dubai가 유명하지만 예전 귀족들이

▼ 아랍에미리트의 알아인

거주한 곳이 알아인Al Ain, العين이다. 물이 풍부한 사막의 오아
시스 지역이다.

　무엇보다 사막의 삶에서 중요한 것은 다이아몬드, 금화, 석
유, 사랑보다 더 귀하고 희소한 가치를 가진 물, 그래서 사막
에서 오아시스가 천국으로 비유되는 것은 희소한 가치의 장
소이기 때문이다.

　사막에서 오아시스의 물처럼 희소성을 부동산에 비교하자
면 수요가 넘쳐나서 누구나 살고 싶어 하는 지역과 같다. 사막
의 넓고 넓은 지역을 다 주더라도 물이 있는 오아시스와는 바
꿀 수 없을 만큼 값진 것과 마찬가지다.

소득수준이 높은 거주자들

다음으로 소득이 높은 사람들의 전입이 꾸준히 늘어나 새로운 커뮤니티가 형성되어 군집되는 지역이다. 향후 부자동네로 형성될 수 있는 지역으로 기존 부자동네도 포함된다.

부자들의 공통적인 성격은 까다롭고picky 디테일detail해서 편리한 것, 새로운 것, 특이한 것, 흥미로운 것 등에 관심을 가지며 불편한 것을 개선하고 싶은 의지가 강하다.

이런 라이프 스타일은 그 지역의 새로운 주거환경 문화를 만들어내고, 까다롭고 섬세하고 새로운 것을 추구하는 그들에게 맞는 깔끔한 서비스를 제공하는 음식점, 백화점, 카페, 동

▼ 할리우드 연예인들이 거주하는 비버리힐스

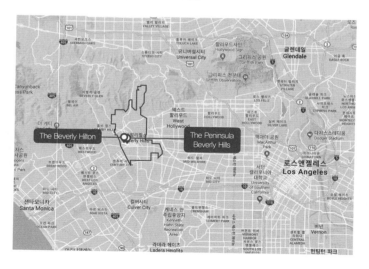

호회 등이 자연스럽게 생겨날 수밖에 없다.

미국 서부 캘리포니아 주에 있는 비버리힐스Beverly Hills는 할리우드Hollywood와 가까워 유명 연예인이나 사업가들이 몰려들어 고급 주택가를 이루었다. 또한 백화점 및 각종 명품 브랜드 매장으로 쇼핑객과 관광객이 북적이고 새롭고 다양한 음식점 등 많은 볼거리를 제공하고 있다.

도시가 유명해지면서 전세계 모든 사람이 가보고 싶은 곳으로 수요가 많아져 결국 글로벌 시티City로의 도약과 함께 주택 가치는 더욱 높게 평가받고 있다.

교통, 편의시설, 학군의 우수성

마지막으로 교통이 좋고 편의시설이 많으며 학군이 우수한 지역이라는 것이다. 교통이 좋다는 것은 지하철 역, 버스 터미널, 도로 등의 인프라가 잘 되어 있어 주거와 편의시설을 이용하기 쉬운 곳이다. 또한 대부분 지역에서 접근성이 훌륭한 지역이다.

또한 병원, 학교, 백화점 등의 편의시설이 많아 필요한 모든 것을 영위할 수 있어야 한다. 그리고 한국에서 주거환경에 최우선 조건으로 꼽히는 것은 학군이며, 상대적으로 좋은 학교

▼ JR선을 이용해 대도시 접근성이 좋은 시나가와

들이 밀집된 지역은 치안도 좋다.

한국만큼 뜨거운 교육열을 자랑하는 일본, 도쿄 남동부에 위치한 시나가와 구Shinagawa-ku는 한적하고 깨끗한 전형적인 일본 주택가로 명문학교가 많아 좋은 교육여건을 가진 '한국 강남 8학군'과 같은 곳이다.

그뿐만 아니라 시나가와 역은 지하철 JR의 야마노테선 순환 선으로 도쿄의 주요 관광지를 모두 갈 수 있는 노선이다. 또한 시내에 차량 및 지하철을 이용해 약 30분 이내로 접근이 가능 하다. 이에 도쿄역과 신주쿠역에 위치한 고층 건물들 사이에 밀집된 가게는 쇼핑과 카페들이 있으며, 번화가 한중간에 위 치한 작은 맛집들도 즐비하다.

위의 3가지 조건에 부합하는 지역으로 우리나라에서는 서울의 강남지역이 대표적이다. 물론 수도권 및 지방에서도 위의 3가지 조건에 부합하는 지역을 찾을 수 있다. 예컨대 부산의 해운대구, 대구의 수성구, 대전의 둔산동, 광주의 양산동, 제주의 서귀포, 천안의 불당 등이다.

 이것만큼은 꼭 기억하자!

부동산 가격 상승을 위한 필수 3가지 조건은 무엇인가? 첫째는 희소성, 둘째는 소득수준, 셋째는 교통, 편의시설, 학군이다.

경기와 경제흐름은
서울 집값에 어떤 영향을 주나?

소득, 금리, 물가, 실업률, 환율, 유가 등의 요인들뿐만 아니라 대외 정치·경제 상황
은 상호작용을 일으켜 특정지역의 경제에도 큰 영향을 주고, 집값에도 상당한 영향
을 미친다.

내수경기 또는 경제가 좋다는 것은 인플레이션을 유발하고
그에 따른 지대도 상승할 수 있다는 의미다. 다른 관점에서 본
다면 경기와 경제흐름이 양호하고 좋다는 것은 새로운 산업
이 생겨나고 비즈니스가 원활하게 돌아가는 것을 뜻한다.

이에 경제성장률이 개선 또는 상승하게 되면 결국 소득이
많아져 새로운 주거에 대한 관심이 높아진다. 불경기 및 경제
침체기에는 먹고사는 것(음식)이 더 중요해지기에 필수소비재
가 우선되며, 주택구매 여력도 상대적으로 감소된다.

소득, 금리, 물가, 실업률, 환율, 유가 등의 요인들뿐만 아니라 대외 정치·경제 상황은 상호작용을 일으켜 특정지역의 경제에도 큰 영향을 주고 집값에도 상당한 영향을 미친다.

경기에 따라 주택수요도 변한다

사람이 살아가기 위한 3가지 필수요건은 의衣·식食·주住로, 대부분의 사람들은 소득이 증가할수록 먹을 것과 입을 것에서 생활하는 공간으로 이동하게 된다. 1차적으로 소득이 개선되고 증가할수록 맛집을 찾아다니는 것과 같이 새로운 음식에 대한 욕구가 더 높아진다.

좀더 많은 소득이 2차적으로 축적되면 이쁘고 트렌디한 옷과 가방 등에 관심이 높아질 수밖에 없다. 그 후 결혼 또는 새로운 가족 구성원이 늘어나게 되면 더욱 중요한 필수요건으로 생활공간, 즉 집에 대한 관심이 급증한다.

오늘날 남자가 사랑하는 여자에게 청혼을 할 때 꽃다발을 주는 것은 오래전 수렵채집하는 생활문화에서 유래되었다는 사람도 있다. 그 시대에 가장 중요한 것은 식량으로, 꽃이 피고 나면 열매를 맺는 자연의 섭리를 통해 사랑하는 여자에게 꽃다발을 주는 행위가 나타났을 것이다. 수렵채집 시대에 열매가 있는 곳을 알고 있어 당분간 식량에 대한 걱정 없이 나와 함께 생활하자는 간접적 프로포즈 방식이었을 것이다.

그래서 하나의 가족이 만들어져 아기가 생겨나면 멀리 이동하지 못하는 유목민 생활보다는 동굴에 정착하고 집을 지어 생활했을 것이다. 결국 가족 구성원이 늘어나거나 의衣·식食이 해결되면 자연스레 집에 대한 관심은 증가하게 되는 것이다.

아직도 많은 흔적이 남아 있는 고대시대의 주거형태로 절벽에 굴을 파서 만든 동굴주택인 중국의 야오동窰洞, 지하로 땅을 파서 만든 터키의 지하도시 데린쿠유Derinkuyu: 깊은 우물, 산을 깎아 만든 동굴도시 조지아 바르도지아Vardzia, 영화 〈스타워즈〉의 배경이 된 거대한 웅덩이처럼 생긴 지하도시 튀니즈 마트마타Matmata 등이 대표적이다.

고대시대 인류의 수렵채집하는 생활방식에서 열매(음식)가 많은 곳을 찾아다니는 것처럼, 현대인도 좋은 직장을 찾아다니는 것은 소득(음식)을 갖기 위해서가 아닐까 하는 생각이 든다.

이런 부富가 더 많이 축적할수록 더욱 쾌적하고 시설이 좋은 편리한 곳에 살고 싶어 하는 욕망은 모든 인류가 갖고 있는 기본적 욕구라고 할 수 있다.

결국 경기개선과 지속적인 경제성장은 더 새롭고 편리하고 경치가 좋고 전망이 좋은 주택수요를 유발시킬 수밖에 없는 것이다.

따라서 리모델링, 재건축, 재개발 등과 같은 도시정비사업은 경기침체시에는 주택수요가 상대적으로 감소해 사업성이 떨어져 개발이 활성화되기 힘들지만, 반대로 경기호황과 경제가 안정적으로 이루어질 때 도시정비사업이 더 많이 추진된다. 그 이유는 호경기에는 신규분양가격을 높여 정비사업의 사업성을 높일 수 있기 때문이다. 즉 높은 분양가에도 수요가 충분히 받쳐 줄 수 있기 때문이다.

불경기 또는 경제침체기에는 새로운 주택수요가 감소하고 주택의 구매여력도 떨어져 주택가격도 하락할 가능성이 높아진다.

소득 증가에 따라 주택수요의 질이 높아진다

한국은행에 따르면, 2018년 2분기 한국의 경제구조는 내수경제보다 수출주도형 산업중심으로 국내총생산GDP 대비 수출비율이 약 65%로 대외 무역의존도가 높은 국가이다.

이에 한국의 경제성장률과 경기변동은 글로벌 경기변동에 영향을 많이 받는다. 특히 수출비중이 높은 중국(654억 달러), 미국(281억 달러), 베트남(196억 달러), 홍콩(187억 달러), 일본(127억 달러) 등의 국가 순으로 경제흐름에 주목해야 한다.

최근 미국과 중국의 통상마찰로 무역전쟁이 심화되고 장기화되는 상황에서 한국의 산업들은 큰 타격을 받고 있다. 따라서 한국의 산업단지가 지방도시 중심으로 형성되어 있어 글로벌 경기변동은 지방경제에 더욱 많은 영향을 줄 수 있다.

이런 경기침체 및 경제 하락기에 지방도시의 주택가격 하락이 더 빠르게 나타난다. 반면 경기회복과 경제 상승기에는 지방보다는 서울지역의 주택수요가 더 빠르게 개선되고 주택가격 상승도 크게 나타난다.

그 이유는 오래된 서울은 노후화된 도심이 많기 때문에 정비사업(재개발, 재건축, 뉴타운 등)이 정부의 부동산 탈규제 정책과 함께 개발 붐Boom이 신속하게 이루어질 수 있기 때문이다.

서울지역의 인구는 약 980만 명으로 한국의 전체인구 중 약 20%가 거주하기 때문에 인구밀도가 높아 주거환경 개선이 최우선 과제일 수밖에 없다.

또한 한국의 경제는 1인당 GDP 3만 달러를 넘어 세계 12위 경제대국으로 성장했다. 그리고 한국의 경제는 서울에 집중되어 있어 서울지역의 1인당 GDP는 4.3만 달러로 국내 도시 중에서 가장 높다.

이에 서울은 경기침체에도 버틸 수 있는 힘도 강하지만, 반면에 지방은 상대적으로 소득이 낮아 경기하락시 집값에 영향을 많이 받을 수밖에 없다.

주택가격의 차별화 현상이 더욱 심해져 결국 서울과 지방도시 간의 주택개발 양극화가 나타나게 된다. 경기변동에 더욱 민감한 지방도시는 소득 감소에 따른 새로운 주거환경에 대한 수요도 급감할 수 있기 때문이다.

 이것만큼은 꼭 기억하자!

소득 증가에 따라 주택수요의 질이 높아지며, 집에 대한 요구조건도 커진다.

빈집쇼크,
어디까지 확장될 것인가?

지속적인 개발호재가 없는 지역은 교통, 편의시설, 주거문화 등의 변화가 없어 소득 정체 현상이 나타나고, 이에 집값은 오르지 못하고 집이 버려지는 현상이 바로 빈집 쇼크다.

지속적인 개발호재가 없는 지역은 교통, 편의시설, 주거문화 등의 변화가 없어 소득정체 현상이 나타난다. 이에 집값은 오르지 못하고 집이 버려지는 현상으로 '빈집쇼크'가 나타난다.

빈집쇼크는 특정지역에만 발생하는 것이 아니라 미국, 일본, 호주, 프랑스 등의 선진국에서도 나타나는 현상이며 한국도 예외는 아니다. 2015년 한국은행에서 한국도 빈집비율이 약 6.5%라고 발표했다.

특히 한국은 빠른 도시화가 진행되면서 도시화율(도시에 거

▼ 도시인구비율

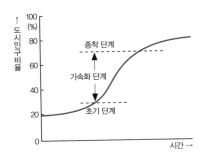

▼ 주요국의 도시화율 비교

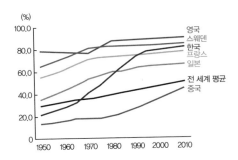

주하는 인구가 차지하는 비율)이 급증하고 있다. 지방도시의 빈집

도 2025년 약 250만 가구로 늘어 전체 가구의 약 12%에 육

박할 것이라는 전망도 있다. 그 이유는 인구 증가율이 급격히

감소하고 고령화사회로의 진입이 빨라지고 도시화율이 높아

지고 있기 때문이다.

　일본의 빈집은 늘어나 지방도시가 소멸하고 있다. 한국의

지방도시도 사정은 마찬가지다. 젊은세대의 인구감소와 65세

이상 고령화 인구가 많아지는 의성군, 군위군, 의령군, 거창군, 곡성군, 산청군, 철원군 등의 상황은 대부분 국가에서 나타나고 있는 인구가 도시로 집중되는 도시화Urbanization와 작은도시City에서 대도시Big City로 다시 대도시화Metropolitanization가 진행되면서 지방도시의 빈집이 더 많아지고 있다.

또한 2010년 한국의 도시화율이 약 90%를 기록하면서 도시중심의 택지가 부족하고 거주에 대한 수요가 증가하고 있다. 주택공급을 할 수 있는 초고층 빌딩에 편의시설을 갖춘 주거 형태의 압축도시 또는 콤팩트시티Compact City가 대도시에서 늘어나는 이유이다.

빈집쇼크는 글로벌 현상이다

홍콩, 싱가포르와 같은 도시국가에서는 필연적 선택으로 고밀도 압축도시가 주목받고 있다. 편의시설과 교통의 접근성을 높이고 근로자들의 출퇴근 시간을 단축시키며 에너지 소비를 효율적으로 사용해 삶의 생산성을 향상시키고 있다.

반면 초고층 콤팩트시티가 증가하면서 도시 내 녹지가 감소하고 교통혼잡과 환경오염으로 인한 삶의 질이 저하되는 현상도 발생하고 있다.

한편 글로벌 빈집비율이 높은 국가는 미국 12.9%(2015년 기준), 일본 12.8%(2013년 기준), 호주 10.3%(2011년 기준), 프랑스 8.1%(2014년 기준), 한국 6.5%(2015년 기준) 순으로 나타나고 있다.

특히 한국은 고도의 경제성장으로 도시화율도 빠르게 진행되었지만 '저출산' 및 '고령화' 사회로 진입하고 있어 가까운 일본의 도시변화와 유사하다. 이에 일본의 주택가격 변화 및 버블시대 이후 빈집쇼크와 대도시 도쿄의 부동산 가격변화를 통해 한국의 빈집쇼크 및 서울 집값을 유추해볼 수 있다.

현재 일본사회의 큰 문제로 부각되고 있는 지방의 빈집은 약 820만 채(2013년 기준)로 전체 주택에서 12.8%를 차지한다. 일본의 2020년 전국 빈집 수가 약 1천만 가구에 육박할 것으로 추정되고 '집을 쓰고 버리는 시대가 왔다'라는 문구도 있다.

또한 일본은 거주를 효율적으로 사용하지 않는 이상 2033년 총 일본의 주택 수는 약 7,130만 호로 빈집비율은 약 30.4%(약

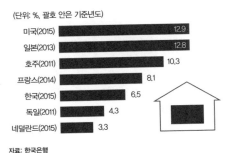

▼ 주요국 빈집비율

(단위: %, 괄호 안은 기준년도)

미국(2015)	12.9
일본(2013)	12.8
호주(2011)	10.3
프랑스(2014)	8.1
한국(2015)	6.5
독일(2011)	4.3
네덜란드(2015)	3.3

자료: 한국은행

2,170만 호)에 육박할 것이라고 노무라종합연구소에서 전망했다.

2013년 기준으로 일본 도쿄도 전체 주택의 11%가 넘는 81만 7천 가구가 빈집으로 조사되었고, 대부분 도쿄 외곽에 있는 위성도시였다. 최근 TV방송에서도 소개되었던 일본 지바현에 있는 마쓰도松戸시는 도쿄에서 지하철 1시간 거리의 위성도시이다.

2017년 마쓰도시에 있는 50m²(약 15평) 아파트 가격이 190만 엔(약 1,900만 원)에 매물이 나왔지만 뚜렷한 매수가 없다. 1990년 일본의 부동산 버블시대에는 2,800만 엔(약 2.6억 원)을 호가했던 아파트 가격이 비싼 중고차 가격(약 200만 엔)만도 못한 금액으로 최고점 대비 약 15배까지 떨어진 셈이다.

▼ 일본의 주택지 가격 상승률

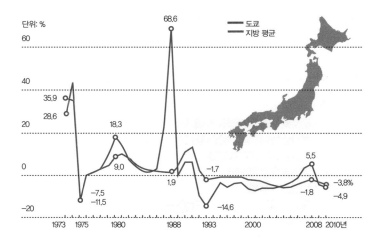

이러한 원인으로 일본은 제2차 세계대전 이후 베이비붐으로, 즉 1947년에서 1949년 사이에 약 806만 명이 태어난 세대

<small>단카이: 団塊の世代 · 1947~1949</small>로 이들의 은퇴시기와 맞물려 저출산과 고령화 사회로 진입되면서 부동산 가격의 급락과 빈집이 빠른 속도로 증가했다는 분석들이 많다.

또한 일본의 연구기관들은 고착화된 구조적 문제에도 주목한다. 도쿄중심과 접근성이 떨어지고 실수요가 많지 않은 곳의 주택구매에 대한 위험성을 경고한다.

일본 도쿄 외곽에 있는 위성도시뿐만 아니라 오사카, 나고야 등의 대도시에서도 빈집후보군이 늘어나고 있다고 일본총무성의 주택·토지통계조사(2013년도)에서 보고하고 있다. 빈집후보군은 65세 이상의 고령자만 거주하는 자가주택을 의미하며, 오사카의 빈집후보군은 51만 채로 전체 자가주택에서 차지하는 비율은 22%다.

빈집쇼크, 우리도 예외는 아니다

한국 1기 신도시와 같은 일본 수도권 외곽에 위치한 신도시인 가나가와<small>神奈川県</small>현이나 자바<small>千葉県</small>현도 사정은 비슷해 20%가 넘는 자가주택이 빈집후보군에 해당된다.

향후 한국 1기 신도시 아파트의 재건축 붐이 일어날 경우, 그 다음 사이클에는 주변지역의 집값이 빠질 가능성이 높다. 1991년 분당 9.7만 가구(평균 용적률 184%), 1992년 일산 6.9만 가구(평균 용적률 169%), 평촌 4.2만 가구(평균 용적률 204%), 산본 4.2만 가구(평균 용적률 205%), 1993년 중동 4.1만 가구(평균 용적률 226%) 등의 1기 신도시의 재건축사업을 원활하게 진행하기 위해서는 기부채납을 통한 기존보다 높은 용적률 또는 건폐율로 초고층 건물이 들어설 가능성이 높다.

물론 개발호재에 따라 가격은 상승할 것이다. 하지만 향후 1기 신도시 주변의 지방 소도시의 빈집효과를 불러일으킬 수 있다.

최근 한국의 저출산 및 고령화의 진행 속도가 빠르다는 점에서 한국도 지방중심의 빈집을 더욱 부채질할 가능성이 존재한다.

또한 한국의 베이비붐 세대의 상징인 58년생 개띠에 주목해야 한다. 한국전쟁 이후 1955년에서 1963년 사이에 태어난 우리나라 인구는 약 711만 명(2015년 기준)으로, 일본의 단카이세대보다 10여년 뒤인 2010년부터 은퇴시기가 도래했다.

한국은행은 '인구고령화가 주택시장에 미치는 영향'을 통해 우리나라의 주택수요가 상대적으로 적은 지방과 노후 주택을 위주로 빈집이 늘어날 가능성이 높다는 분석을 발표했다. 또한 노후 생계비가 충분하지 않은 70세 이상 가구들은 주택을 파는 비중이 상승한 반면 취업난과 늦은 결혼으로 자산축적이 지연된 40세 미만 청년가구들의 주택을 사는 비중도 하락해 점차 주택수요의 감소추세를 예상했다.

국내 빈집 규모는 2015년 기준 106만 9천 호로 전체 주택의 6.5%를 차지한다. 6대 광역시를 제외하면, 지방의 빈집은 60만 7천 호로 전체의 56.8%를 차지한다. 특히 용적률 제한과 사업성이 낮은 지방은 재건축이나 리모델링에 어려움이 생기면 빈집 증가율이 확대될 가능성이 있다. 2016년 약 450만 호 중 277만 호가 여기에 해당된다.

 이것만큼은 꼭 기억하자!

빈집쇼크, 이는 글로벌 현상이다. 빈집쇼크, 우리나라도 예외는 아니다. 빈집쇼크 쓰나미를 준비하자.

그렇다면 수도권 집값은
어떻게 될 것인가?

결국 수도권에 한국의 모든 경제적 부가 집중되어 서울과 경기도를 중심으로 인구,
소득, 문화 등이 더욱 발전할 것으로 예상된다.

수도권에 산업구조가 집중되고 인구가 늘어나고 있다. 인구의
도시화비율이 높아지고 있지만, 특히 수도권으로 인구이동이
집중되고 있고 그 중 서울, 경기도 순으로 집중되고 있다. 경
기도는 서울에서 접근성이 높아지면서 지방보다는 경기도가
더 유리하다.

앞서 언급한 글로벌 지방도시에 경제특구 및 산업활성화의
방향성이 없으면 점점 쇠퇴되는 현상을 알 수 있었다. 최근 한
국의 지방도시도 산업의 활력과 새로운 경제특구가 지정되지

만 지역주민의 소득으로 연결되는 것이 쉽지 않다.

또한 한국의 서울 집값 급등으로 경기도 중심의 1기, 2기, 3기 신도시 계획을 발표하고 경제특구와 새로운 산업을 유치해 서울의 주택수요를 분산하기 위해 경기도를 대체지역으로 선정하고 있다.

이에 수도권(서울, 경기도) 집중화 현상이 발생하고 지방도시보다 경기도 지역에 인구가 유입되어 관련 지역의 발전이 자연히 나타나고 있다. 결국 수도권에 한국의 모든 경제적 부가 집중되어 서울과 경기도 중심으로 인구, 소득, 문화 등이 더욱 발전할 것으로 예상된다.

신도시의 어제, 오늘 그리고 내일

우선 한국의 1기, 2기, 3기 신도시 조성은 결국 서울의 집값 급등에 따른 대책에서 시작된다. 1989년 4월 1기 신도시로 성남시 분당, 고양시 일산, 부천시 중동, 안양시 평촌, 군포시 산본 등, 경기도에 총 117만 명이 거주하는 약 29.2만 가구의 주거타운이 탄생했다.

또한 2기 신도시는 2003년 경기 김포(한강), 인천 검단, 화성 동탄1·2, 평택 고덕, 수원 광교, 성남 판교, 서울 송파(위례), 양주 옥정, 파주 운정 등 수도권 10개 지역과 충남 천안·아산의 아산신도시, 대전 서구·유성구의 도안신도시 등 충청권 2개 지역 등 총 12개 지역이 지정됐다.

1, 2기 신도시가 조성된 결과를 보면, 1기 신도시에서는 성남시 분당, 안양시 평촌과 2기 신도시에서는 성남시 판교, 위례를 성공한 신도시로 평가하고 있다.

성공한 신도시는 서울에서 25Km 이내로 강남과 가깝고 대기업 및 IT중견기업들이 늘어나면서 고소득 전문직 인구가 거주하게 된 점이다.

최근 3기 신도시는 이런 교통 확충을 고려해 2018년 12월

▼ 3기 신도시 발표 지역

19일 경기도 남양주시 왕숙, 하남시 교산, 과천시 과천 및 인천광역시 계양구로 4곳이 100만m² 이상 대규모 택지지구로 지정되었다.

이에 경기도 남양주는 주요 교통망 GTX-B 및 수소버스 연결, 하남은 서울도시철도 3호선 연장(10km) 및 추가 도로 신설, 과천은 GTX-C 추진, 인천 계양은 인천1호선 S-BRT 신설(8km) 등의 교통대책이 적기에 완료되어야 신도시 기능을 할 수 있으며, 거점도시 역할을 할 수 있을 것이다.

아직 1, 2기 신도시 중에서 김포 한강신도시, 고양 일산신도시 등은 버스가 유일한 대중교통 수단이다. 양주 옥정지구는 지하철과 광역버스조차 없어 지속적으로 대중교통이 확충하고 있지만 거점도시의 역할을 하지 못하고 있다.

또한 서울 접근성이 제일 좋은 위례신도시도 광역교통대책이 10년째 실현되지 않고 있다. 이를 통해 볼 때 교통 인프라가 주거환경을 개선시키고 집값에 가장 큰 영향을 준다는 것을 알 수 있다.

신도시로서 성공하기 위해서는 교통뿐만 아니라 경제활동도 가능한 기업, 문화시설, 학교 등이 가능한 자급자족 도시가 되어야 한다.

최근 40~50m의 공간에 노선을 직선화하고 시속 100km 이상(최고 시속 200km)으로 운행하는 GTX-A 신개념 광역교

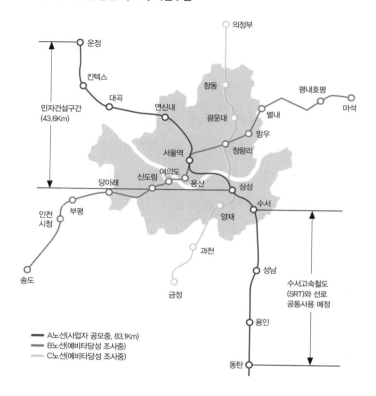

▼ 수도권 광역급행철도(GTX) 사업구간

의정부

운정

킨텍스

대곡

창동

평내호평

민자건설구간
(43.6Km)

연신내

광운대

별내

마석

망우

서울역

청량리

여의도

당아래

신도림

용산

삼성

인천
시청

부평

양재

수서

송도

과천

성남

수서고속철도
(SRT)와 선로
공동사용 예정

금정

용인

━━ A노선(사업자 공모중, 83.1Km)
━━ B노선(예비타당성 조사중)
━━ C노선(예비타당성 조사중)

동탄

통수단이 확정되었다. 물론 GTX-B, C 노선도 지속 추진하겠지만 GTX-A 노선지역 중심으로 자족도시로 지속 발전할 가능성이 매우 높다고 할 수 있다.

　3기 신도시에서는 과천, 2기 신도시에서는 파주 운정, 화성 동탄1·2, 성남 판교 및 위례지역을 중심으로 거점도시로 성장할 가능성이 높다. 특히 운정신도시는 GTX-A노선, 지하철

▼ 교외선 개량

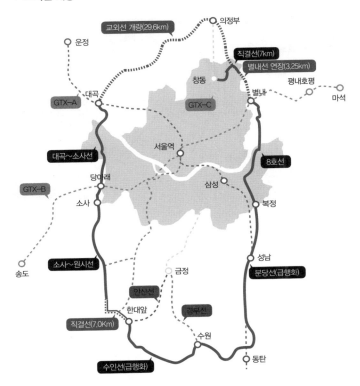

3호선 연장선, 경의중앙선으로 트리플 역세권을 형성하게 될 것이다.

또한 2020년 고양시 대곡에서 부천시 소사가 연결되는 광역철도가 개통되면서 부천 중동도 유망하다.

경기도 광주와 강원도 원주를 잇는 '제2영동고속도로'와 서원주에서 원주 구간의 '중앙선 고속화철도'가 개통되고

▼ 고속도로와 고속철도 확충지역

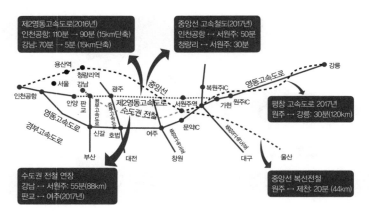

GTX-A노선까지 확충된다면, 이로 인한 직접적 수혜를 많이 누리는 도시는 경기도 성남시, 광주시 과천시, 부천시가 될 것이다.

물론 교통인프라 확충과 더불어 거점도시로 성장하기 위해서는 자족할 수 있도록 지역경제가 활성화 될 수 있는 성남시의 판교테크노밸리가 좋은 사례가 된다.

고속도로와 고속철도가 확충되어 경기도 일부 지역에 교통 중심지가 발생하게 된다. 특히 수도권광역철도(GTX) 사업구간인 동탄, 용인, 송도, 부평, 금정, 과천, 운정, 대곡, 마석, 별내, 의정부 등이 수혜를 볼 것이다.

하지만 교통인프라 확충으로 서울에 유동인구 집중화 현상은 더 크게 나타날 것으로 예상된다. 예를 들어 친한 친구가 경기도 동탄에 살고 본인이 서울에 거주할 경우, 친구를 만나기 위해 동탄으로 가는 것보다 친구가 서울로 와서 함께 다양한 볼거리, 맛집 등을 이용하는 것이 더 좋을 것이다.

 이것만큼은 꼭 기억하자!

수도권(서울, 경기도) 집중화 현상이 발생하고, 지방도시보다 경기도 지역에 인구가 유입되어 지역 발전이 자연히 나타나고 있다.

인구변화가 서울 집값을 올린다

미국, 일본의 베이비붐세대를 보면 서울 소형 주택이 해답이다

정부의 부동산정책이 서울 집값을 받쳐주고 있다면?

그렇다면 서울 아파트를 언제 사야 하는가?

소규모 가로주택정비사업을 통한 도시재생 활성화에 주목하자

서울지역의 주택구매 수요는 차고 넘친다

향후 서울 아파트 가격에 영향을 미치는 요소는 무엇인가?

서울 주택, 수요는
넘치고 공급은 부족하다

우리나라 베이비붐 세대의 고령화와 청년실업의 증가는 1인 가구를 더 가속화시킬 것이다. 결국 서울의 인구 집중화 현상이 앞으로 더 빠르게 진행될 것이다. 또한 1980년대 서울의 주택개발 역사를 살펴보고 향후 유망지역을 생각해보자. 지난 40년을 돌이켜봤을 때 우리나라 주택가격이 크게 하락한 시점은 1997년 외환금융위기와 2008년 글로벌 금융위기, 이렇게 두 차례가 있었다. 글로벌 경기침체가 국내 부동산 시장 하락으로 이어지는 이유를 자세히 숙지하면 부동산 투자 시점을 알 수 있다. 덧붙여 우리나라 정부별 부동산 정책은 탈규제, 규제강화를 반복하고 있고, 현재의 수요억제정책에 따라 주택공급은 2021년부터 감소되어

SEOUL

2022년 서울지역에 주택부족 현상이 발생할 것이다. 그러면 향후 서울지역은 어떻게 될까? 주택수요가 많고 택지가 부족한 서울은 재건축, 재개발을 통해 신규 주택을 공급할 수밖에 없다. 후분양제, 도시화, 2030 서울플랜을 보면 서울에 주택을 보유하자. 실제 사는 것은 어디든 상관없다. 또한 단기적 기대감보다 장기적 관점에서 향후 10년을 바라보고 최소 35년이 넘은 서울의 재건축에 관심을 가지자. 중단기적 관점에서는 소규모 가로주택정비사업의 도시재생이 활성화될 수 있는 곳을 주목하자. 서울의 주택수요는 차고 넘친다.

인구변화가
서울 집값을 올린다

인구변화상 서울의 주거수요는 지속될 것이고, 새로운 주거에 대한 니즈로 도심개
발에 따른 재개발·재건축·리모델링 사업도 반드시 이루어져 서울 집값은 더욱 견조
할 것이다.

대부분 부동산 전문가들은 주택수요를 정확하게 예측할 수
없기 때문에 인구변화만을 가지고 주택수요를 대신하는 오류
를 범하게 된다. 아주 장기적이고 전체흐름을 파악하기 위한
시각으로 하나의 관점View point에서 보는 것은 도움이 되지만,
일어나지 않은 미래에 대해 일어날 것이라는 추론과 예측의
틀Framing을 만들어 그 관점으로만 바라보게 되면 위험한 결과
가 나온다.

  특히 한국의 인구변화는 모든 사람이 공감하는 것처럼

2018년 기준 합계출산율은 0.97명으로 역대 최저치를 기록했다. 앞으로 합계 출산율은 세계 국가 중 유일하게 1명 밑으로 유지할 것이라는 예측도 나온다. 반면 의학기술의 발전으로 인간의 생명이 연장되고 경제적·문화적 생활양식의 변화와 신자유주의 시대를 맞이해 개인의 가치관이 예전에 비해 다양해지면서 1인 가구 증가에 따른 주택수요 예측은 더 어렵게 되었다.

하지만 한 국가의 인구변화에 따른 주택수요의 큰 변화를 가져올 부분을 짚어보고, 한국의 인구변화에 따라 서울의 집값에 어떤 영향을 주는지 알아보자.

인구변화가 부의 지도를 바꾸고 있다

역사적으로 전쟁이 끝난 후에 태어나고 자란 세대가 전후세대인 베이비붐세대Baby boom generation이다. 전쟁 이후에 인구가 늘어나는 베이비붐Baby Boom은 실제로 많은 국가에서 나타난다.

전쟁 이후의 이런 베이비붐 현상은 각 국가의 성장동력으로 풍부한 노동력을 제공하고 더 많은 수요를 창출시켜 더 많이 생산하게 되어 결국 초과공급을 만들어 높은 경제성장률을 이끌었다.

한국의 베이비붐 세대(1955년~1963년), 이런 베이비부머가 낳은 자녀들을 에코세대(1979년에서 1992년)라고 하는데 전체 인구 중 약 19%를 차지한다. 베이비붐이 또 다른 베이비붐을 만들어냈다. 최근 베이비붐세대의 고령화와 새로운 세대의 저출산 현상으로 인구변화에 따른 사회문제로 대두되며, 주택시장에 변화를 줄 것은 틀림없는 사실이다.

통계청에서 발표한 2010년 인구주택총조사 결과 및 2015년 인구총조사를 바탕으로 인구변화를 살펴보고, 한국의 인구구조에서 가장 크게 영향을 줄 베이비붐세대, 에코세대, 고령화 1인 가구 등의 3가지 변화에 주목하자. 특히 베이비붐세대와 에코세대의 사회적 특성이 향후 주거 형태와 집값을 결정짓는 주요 핵심요인이 될 것으로 판단된다.

우선 한국에서 베이비붐세대는 1955년에서 1963년 사이에 태어난 약 711만 명(2015년 기준)으로 전체인구 중 14.3%를 차지한다. 또한 2010년부터 베이비붐세대들의 은퇴시기가 더 가속화되고 있으며, 1955년생인 베이비붐세대의 맏형들은 2020년부터 고령화 65세 대열에 합류하게 된다.

베이비부머의 지역별 분포를 살펴보면 경기 22.6%, 서울 20.1%, 부산 8%, 경남 6.6% 순으로 지역별 인구 대비 부산 16.4%, 울산 15.9%, 인천 15.4%로 한국의 수출 및 산업도시

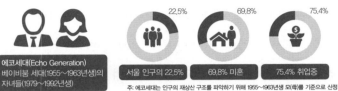

▼ 서울의 '에코세대'는 어떻게 살아가나?

에코세대(Echo Generation)
베이비붐 세대(1955~1963년생)의
자녀들(1979~1992년생)

22.5%
서울 인구의 22.5%

69.8%
69.8% 미혼

75.4%
75.4% 취업중

주: 에코세대는 인구의 재상산 구조를 파악하기 위해 1955~1963년생 모(母)를 기준으로 산정

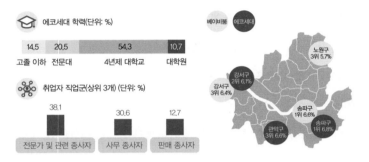

에코세대 학력(단위: %)

14.5	20.5	54.3	10.7
고졸 이하	전문대	4년제 대학교	대학원

취업자 직업군(상위 3개) (단위: %)

38.1
전문가 및 관련 종사자

30.6
사무 종사자

12.7
판매 종사자

베이비붐 에코세대

노원구
3위 5.7%

강서구
2위 6.1%

강서구
3위 6.4%

송파구
1위 6.6%

관악구
3위 6.6%

송파구
1위 6.8%

자료: 통계청

에 집중되어 있는 것을 알 수 있다.

베이비부머의 교육 정도는 고등학교 졸업 44.7%, 중학교 졸업 17.3%, 대학교(4년제) 15.8% 순이며, 혼인상태는 혼인 83.5%, 이혼 8.5%, 미혼 3.7%로 나타났다.

두 번째로 베이비붐세대에 대한 메아리로 에코(echo)라는 뜻으로, 에코세대는 2017년 기준 약 989만 명으로 집계되었고, 한국 전체인구(5,145만 명)에서 약 19.2%로 비중이 매우 높고 서울인구의 22.5%(약 223만 명)를 차지하고 있다.

에코세대는 미혼이 약 70%(남성 74.3%, 여성 65.3%)이고, 전

문대졸 이상의 고학력자가 85.5%, 대학원 이상 졸업자도 10.7%에 육박한다. 직장에 다니고 있는 에코세대는 약 75.4%이며, 수도권(서울, 경기도)에 주로 거주한다.

특히 서울지역의 베이비붐세대 거주지는 송파구 6.6%, 강서구 6.1%, 노원구 5.7%, 강남구 5.1% 등이며, 에코세대는 송파구 6.8%, 관악구 6.6%, 강서구 6.4%, 강남구 5.8% 등으로 조사되었다. 즉 두 세대 모두 송파구에 가장 많이 거주하는 것으로 나타났다.

베이비부머의 기혼여성 평균 출생아 수는 2.04명인 반면 에코세대의 기혼여성 평균 출생아 수는 1.10명이다. 베이비부머는 장치기계조작 및 조립원이 약 15%를, 에코세대는 전문가가 30%를 차지하고, 제조업 취업인구는 베이비부머 18.2%와 에코세대 19.4%로 모두 높다. 하지만 여자 베이비부머는 숙박 및 음식업에 가장 많고, 여자 에코세대는 교육서비스업에 가장 많다.

베이비부머는 자가점유율(자가 소유 주택에 사는 비율) 59.6%, 전세 19.1%, 월세 15.9%인 반면 에코세대는 월세 42.5%, 전세 31%, 자가점유율 15.4%로 거주에 대한 부담이 큰 것으로 나타난다.

서울에 인구집중화가 일어나고 있다

2017년 6월에 통계청에서 발표한 '시도별 장래인구추계'라는 자료에 따르면, 2016년 기준 한국의 고령화 1인 가구는 129.4만 가구로 전체 고령자 가구(386.7만 가구) 중 33.5%를 차지한다. 또한 단독주택에 가장 많이 거주했으며, 자신의 건강상태가 나쁘다고 생각하는 사람이 55%로, 이는 전체 고령자 중 43%로 나타났다.

2017년 고령인구(65세 이상)는 약 726만 명으로 한국 전체 인구의 14%를 차지하며, 서울 13.6%, 부산 16%, 대구 13.8%, 인천 11.5%, 광주 12.2%, 대전 11.8%, 울산 9.8%, 세종 9.1%, 경기 11.3%, 전남 21.4%, 전북 18.8%, 경북 18.4%, 강원 17.9%, 충남 17%, 충북 15.7%, 경남 및 제주 약 14%로 광역시에 비해 지방의 거주비중이 높다.

65세 이상 고령자 1인 가구 취업자는 계속 증가하는 것으로 나타났지만, 본인의 생활비를 마련하기 위한 것이 41.6%로 그 중 연금 및 퇴직급여로 생활비를 충당하는 비율이 40.2%로 가장 많았다. 노후준비를 한다고 말한 비중은 32.5%로, 그 방법으로는 국민연금 34.3%, 예금 및 적금 24.3% 순으로 조사되었다.

지금까지 살펴본 여러 조사 결과를 바탕으로 베이비붐 세대와 에코세대, 그리고 고령화 1인 가구 등의 3가지 변화만을 고려해도 서울 집값이 다른 지방도시보다 더 유리한 것을 알 수 있다.

먼저 베이비붐세대(약 711만 명) 및 에코세대(약 989만 명)가 서울 및 경기도에 집중적으로 거주하고 고령화 1인 가구(약 129만 가구)는 수도권과 광역시보다 지방도시 중심으로 많이 거주하기 때문이다.

에코세대의 약 75.4%가 취업인구이며 미혼비율이 82%로 향후 가정을 꾸리기 위한 잠재력이 가장 큰 세대라고 할 수 있다. 또한 베이비붐세대의 43%(경기 22.6%, 서울 20.1%)가 수도권에 거주하고 있으며, 현재 약 70%의 취업인구가 은퇴시기에 도래했다. 이에 베이비붐세대의 일자리를 대체하고 젊은 세대가 취업하기 위해 거주가 수도권(서울 및 경기도)에 집중될 것으로 예상된다.

고령화 1인 가구의 소득수준은 점점 악화되고 생활비 부담이 가중돼 향후 노후준비가 되지 않은 대부분은 국민연금에 의존하게 된다. 이는 새로운 주거에 대한 수요를 급격히 줄일 수 있는 것으로, 고령인구의 거주비중이 지방도시가 높다는 것을 기억하자.

미국과 일본의 베이비붐세대들은 은퇴와 함께 대도시 근교의 타운하우스 및 전원주택을 선호했으나 운전보다 대중교통

▼ 65세 이상 인구수 인구 비율

65세 이상 인구수

전체 인구 중 65세 이상 비율

전체 인구 중 65세 이상 비율

(단위: 만 명)

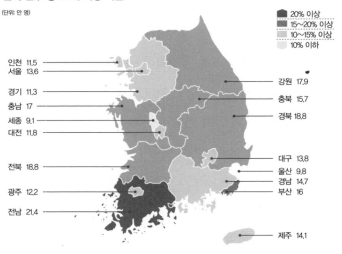

20% 이상
15~20% 이상
10~15% 이상
10% 이하

인천 11.5
서울 13.6

경기 11.3
충남 17
세종 9.1
대전 11.8

전북 18.8

광주 12.2

전남 21.4

강원 17.9
충북 15.7
경북 18.8

대구 13.8
울산 9.8
경남 14.7
부산 16

제주 14.1

자료: 행정안전부

의 편리함과 문화, 쇼핑, 병원시설이 가까운 도심으로 회귀하는 현상이 발생하고 있다.

따라서 한국의 인구변화를 고려하더라도 지방 및 경기도 지역보다는 서울지역의 주거수요는 앞으로도 계속 지속될 수밖에 없으며, 새로운 주거에 대한 니즈Needs로 도심개발에 따른 재개발·재건축·리모델링 사업도 이루어져 서울 집값은 꾸준히 상승할 것이다.

 이것만큼은 꼭 기억하자!

인구변화가 부동산 투자의 기회를 바꾸고 있다. 무엇보다도 서울의 인구 집중화 현상에 주목하자.

미국, 일본의 베이비붐세대를 보면
서울 소형 주택이 해답이다

동호회가 활성화되고 주민들의 커뮤니케이션이 늘어 아파트에서 마을 공동체가 생겨나고 있다. 소외된 1인 가구의 주거환경도 대폭 개선되어 소형 주택이 더욱 인기를 끌고 있다.

베이비붐세대는 경제성장의 풍요 속에서 안정적인 소득을 바탕으로 많은 교육과 다양한 사회활동으로 문화를 부흥시키는 역할을 했다.

국가별 베이비붐 시기는 미국(1946~1964년), 영국(1946~1974년), 일본(1947~1949년), 독일(1955~1967년), 프랑스(1946~1974년), 네덜란드(1946~1972년), 캐나다(1947~1966년), 호주(1949~1965년) 등이다.

미국에서 1946년에서 1964년에 태어난 베이비붐세대는 약 7,700만 명으로 전체인구의 23.5%를 차지한다. 한국의 베이비붐세대(1955~1963년)는 약 711만 명으로 전체인구 중 14.3%를 차지한다.

또한 일본의 베이비붐세대(단카이)는 약 806만 명으로 전체인구의 6% 정도로 낮지만 세계에서 가장 먼저 '초고령사회'에 진입했다. 국제연합UN은 65세 이상의 인구가 전체인구의 7% 이상인 사회를 '고령화사회', 14%를 넘는 사회를 '고령사회', 20% 이상이면 '초고령사회'라 규정하고 있다.

최근 일본은 65세 이상 인구가 약 3,514만 명(2017년 기준)으로 전체인구 중 27.7%를 차지하고, 70세 이상 인구는 총인구의 20.7%(1억 2,642만 명 중 2,618만 명)에 육박했다. 이런 베이비붐세대가 많은 국가들은 고령화 사회로 진입하는 속도가 빠르게 진행되고, 저출산이 또 하나의 사회문제가 되고 있어 적극적인 이민정책을 펼치고 있다.

초고령사회로 가장 먼저 진입한 일본 다음으로 이탈리아는 전체인구 약 5,930만 명 중 65세 이상의 인구가 23.3%로 높은 국가이다. 또한 독일은 전체인구 약 8,229만 명 중 21.7%로 65세 이상의 인구 비중이 유럽연합EU 중 이탈리아에 이어 두 번째로 높다.

초고령화사회가 우리에게 알려주는 것들

한국은 2000년 고령화사회에 진입했고, 2017년 8월에 고령사회에 진입했으며, 2025년에 초고령사회에 진입할 것으로 예상된다. 불과 17년 만에 고령화사회에서 고령사회로 진행되어 고령화 속도로는 세계에서 가장 빠르다.

고령화사회에서 고령사회로 진행하는 데 프랑스 115년, 미국 73년, 독일 40년, 일본 24년이 소요되었다. 우리나라의 경우 그만큼 노인급증에 따른 선행해야 할 여러 문제를 해결하기 위한 준비기간이 더 짧다는 의미로 해석할 수 있다.

앞서 저출산과 고령화를 겪은 노인대국인 일본의 부동산 시장이 근본적으로 바뀌고 있다. 특히 초고령화 사회인 일본은 도쿄에 거주하는 노인인구 비중이 23.3%로 꾸준히 증가하고 있다.

1980년대 도쿄 집값의 폭등으로 대도시 주택난을 해소하기 위해 외곽 신도시 가나가와神奈川県현이나 자바千葉県현 등을 개발했지만 지금은 빈집들이 늘어가고 있다. 그 이유는 2000년 초부터 다시 외곽도시에서 도쿄로 회귀하는 도심회귀 현상이 본격화되었기 때문이다.

또한 일본의 지방도시에서 나타나는 현상으로 백화점과 숙박문화의 상징인 료칸이 사라지고 있다. 그 반면 대도시 도쿄의 도심개발은 본격적으로 진행되고 있다.

결국 일본 도쿄의 록본기힐스, 미국 뉴욕의 허드슨 야드 재개발Hudson yard project, 영국 런던의 도크랜드Docklands 재개발 등과 같은 도시재생 Urban Renewal 또는 도심재개발사업 Urban Redevelopment을 보면 도심개발 억제정책에서 다시 도심개발 활성화 정책으로 변경해 도시의 경쟁력을 끌어올리고 있다. 또한 도심의 부족한 토지를 더욱 효율적으로 사용하기 위해 도심개발의 압축도시 Compact City 및 컴팩트시티가 나타나고 있다.

앞서 베이비붐세대의 고령화는 국가별로 시간적 차이가 있어 한국보다 미국은 10년, 일본은 20년 선행된 것을 살펴본 바 있다. 이는 현재 우리가 경험하고 있거나 앞으로 겪게 될 엄청난 변화들이 본질적으로 이들 나라에서 10년, 20년 전에 벌어진 상황과 유사하다고 할 수 있다.

미국과 일본은 베이비붐세대가 부동산 시장에 미치는 영향을 보여주는 좋은 사례가 될 수 있다. 미국의 베이비부머(1946~1964년생)와 일본의 베이비부머(1947~1949년생)들은 은퇴를 준비하며 전원생활을 꿈꾸고 타운하우스 또는 단독주택 등에서 생활했다. 그러다가 다시 대도시로 들어와서 사는 도심회귀 현상이 최근 10년 전부터 나타나기 시작했다.

그 중 가장 큰 이유는, 노인은 질병으로 빈번하게 병원에 방문해야 하고, 최신 의료기술 및 세분화된 진료 등의 서비스로 인해 대도시에 위치한 대형병원을 이용하기 위해서다. 그리고 대부분 종합병원은 도심에 있어 도심외곽 생활은 교통이 불편하며 접근성도 떨어지기 때문이다.

또한 뉴욕, 일본, 런던과 같은 대도시에서도 도심회귀 현상이 빠르게 진행되고 있다. 그 이유는 인구변화, 경제 및 문화의 변화, 부동산 정책변화 등과 같은 요인이 작용하고 있다.

최근 4차 산업혁명과 함께 금융, 바이오, IT 등의 다양한 기술결합을 통한 융복합산업구조가 다시 도심에 집중되고 있다. 그 이유는 대기업들이 집중되어 있는 곳이며 많은 유동인구가 있는 곳, 기존 금융시스템과 IT인프라가 갖추어진 곳이 구현되기 좋은 곳이기 때문이다.

이에 대도시는 재건축 및 재개발 등의 도시정비사업과 도시재생사업을 진행해 도심 안에 접근성을 더 높이고 음식점, 백화점, 병원, 학교 등의 시설을 늘려 생활의 편리성을 더 추가해 도시의 효율성을 높이고 있다. 이로 인해 도심 밖의 전원생활보다는 대도시 생활의 선호현상이 발생해 새로운 대도심 회귀현상이 일어나고 있는 것이다.

1인 가구의 베이비붐세대들의 고령화는 대도심에 인구 집중화를 더욱 가속화시켜 주택수요는 더욱 증가하게 돼 대도심의 집값은 꾸준히 상승하게 될 것이다.

또한 도시재생 및 도시정비사업(재건축/재개발)의 진행이 느리지만 지속적으로 추진되고 활성화돼 더욱 깨끗하고 편리한 거리로 변화할 것이다.

부동산투자, 소형에 답이 있다

베이붐세대의 고령화는 1인 가구 증가로 이어져 이는 대도심으로 회귀하는 현상과 연결된다. 또한 젊은 청년층의 1인 가구 역시 일자리를 구하기 위해 대도시로 모여들어 결국 대도시 인구 집중화 현상이 빠르게 진행될 것이다.

앞으로 인구변화에서 고령층 및 청년층의 1인 가구가 급증함으로써 더욱 편리함을 선택해 작고 똑똑한 제품을 선호하고 나를 위한 새로운 서비스를 추구할 것이다. 결국 1인 가구의 소비형태는 Small(소형제품), Smart(똑똑한 제품), Service(새로운 서비스), Selfish(나를 위한 소비)로 변하고 있다.

향후 한국 1인 가구의 소비지출금액은 2006년 16조 원에서 2020년 120조 원, 2030년 194조 원으로 증가할 것으로 산업연구원에서 발표했다.

이런 소비시장의 변화는 부동산 시장의 변화로 이어져 넓고 큰 집보다 작고 효율적인 나만의 공간을 갖춘 편리한 시설을 선호하게 한다. 따라서 주택의 형태는 단독주택 및 다세대주택보다 아파트(공동주택)를, 대형보다 중소형을, 도심외곽보다 대도시를, 편리한 부대시설을 자유롭게 이용할 수 있는 소형 주택을 선호하게 될 것이다.

한국의 인구변화를 살펴보면, 1980~2000년까지 4인 가구에 집중되어 중대형 및 단독주택의 수요가 많아 이에 맞게 공급이 이루어졌고, 2000~2010년까지 3인 가구의 핵가족화가 급속히 진행되면서 중소형 주택의 수요가 급증하게 되었다. 2010년 이후 한국의 구조적인 가구변화로 1인 또는 2인 가구가 급증하며 주택수요 역시 소형 주택 중심으로 급속히 확산되고, 현재도 지속적으로 공급되고 있다. 이런 소형 주택은 거래가 꾸준히 이루어져 환금성에서도 더욱 유리한 조건을 갖추고 있다.

최근 세계 주요도시도 도심회귀 현상과 대도시의 거주수요가 늘어남에 따라 새로운 도심개발과 도시재생을 진행하고 있다. 구체적인 진행 상황은 다음과 같다.

뉴욕은 2017년부터 시작된 허드슨 강변지역의 개발을 대규모 민간투자와 함께 적극적으로 추진해 최근 하나둘씩 랜드마크Land Mark 건물들이 완공되고 있다.

또한 도쿄 중심부의 도쿄역세권 개발은 기존의 용적률, 고도제한, 건폐율 등 규제를 완화해 도시재생특별지구(前 고이즈

미 내각)와 국가전략특구(現 아베 내각)를 기반으로 첨단 복합빌딩으로 탈바꿈하고 있다.

유럽의 최대도심 재생프로젝트는 런던도심에 있는 킹스크로스King's Cross로 지난 15년 동안 진행되고 있다. 영국 산업혁명의 상징적 장소인 킹스크로스는 운하, 철도, 물류 등이 있는 유럽철도와 연결된 교통의 중심지이다. 킹스크로스 지역의 주민들은 일방적인 재개발에 반대하며 근대 산업문화유산의 보존을 요구했고, 그 결과 역사적 물류창고를 비롯해 약 20여 개의 산업문화유산을 예술대학 등의 공간으로 재생하는 데 성공했다.

이런 도시재생 및 대도심개발은 기존의 기업들이 집중된 사무공간을 넘어 주거, 상업, 문화, 교육 등이 결합한 원스톱 생활 서비스one stop living service로 개발되고 있다. 새로운 소형 주택들이 생겨나면서 늦은 밤이 되면 텅텅 비어 있던 오피스 지역이 24시간 활기찬 도심으로 대도심의 주거환경을 변화시키고 있다.

우리나라 역시 새롭게 건설되는 아파트는 공급면적 $85m^2$ 위주로 더 많이 공급하고 있다. 서울지역의 낙후된 도심에 신규 중소형 아파트 중심으로 헬스장, 사우나, 산책로, 골프연습장, 도서관, 맘스·키즈카페 등을 갖춘 대형 커뮤니티시설이 생기면서 단절과 폐쇄로 상징됐던 주거문화에 변화의 바람이 불고 있는 것이다.

주민들이 이웃이 되고 동호회를 만들면서 아파트에서 마을 공동체가 생기고 소외된 1인 가구의 주거환경이 대폭 개선되어 소형 주택이 더욱 인기를 끌고 있다.

 이것만큼은 꼭 기억하자!

초고령화 사회가 우리에게 소형주택에 집중하라고 알려주고 있다.

정부의 부동산정책이
서울 집값을 받쳐주고 있다면?

주택시장경제의 실패와 정부의 부동산 정책실패는 반복되고 있다. 경제호황과 침체 주기에 따라 부동산 정책은 엇박자 현상이 나타난다. 이때 무주택자에게 절호의 기회가 열린다.

한국뿐만 아니라 정부의 부동산 규제정책은 특히 대출, 세금, 법률, 이렇게 3가지로 구성된다. 대부분의 국가는 부동산 규제정책을 시행함으로써 일시적으로 주택가격 상승을 멈추게 한다.

하지만 부동산 규제정책으로 부동산 시장경제 시스템을 완전히 통제할 수는 없다. 대외적 경제상황뿐만 아니라 부동산 시장원리에 필요한 수요와 공급을 존중하는 대책을 병행해야 한다. 그러나 결국 한 측면만 강조하게 되어 경제호황에 따른

▼ 30년 한국 경제 : 김영삼 정부 ~ 문재인 정부

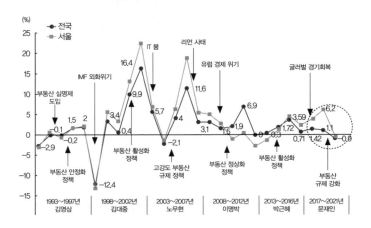

주택가격 상승이라는 시장의 실패로 인식되어 정부의 부동산
규제가 시행된다.

이런 정부의 강한 부동산 규제정책은 시장경제를 왜곡시켜
결국 주택부족현상과 주택가격이 급등하게 되는 정부의 부동
산 정책실패가 나타난다. 이때 정부의 정책실패는 최종목표인
주택가격 안정화에 실패하는 현상을 말한다.

또한 경제호황과 침체주기를 고려하지 않고 단기적 관점에
서 부동산 정책이 시행됨에 따라 실효성 없는 정책으로 전락
하고, 주택가격이 상승하는 엇박자를 보이게 됨으로써 정부의
정책에 대한 신뢰성이 떨어지게 된다.

지난 30년을 돌이켜봤을 때 한국 주택가격이 크게 하락한

시기는 1997년 외환금융위기와 2008년 글로벌 금융위기, 이렇게 두 차례이다. 한국은 수출주도형 국가로서 내수경기보다 대외경제 변수 및 정치상황 그리고 글로벌 경기에 더욱 민감하다.

글로벌 경기침체는 한국의 수출을 감소시켜 기업실적과 소득 악화로 이어져 국내 주택가격을 하락시켰다. 즉 글로벌 경제·정치 이슈가 한국경제에 큰 영향을 미칠 수 있다는 것을 시사한다.

2018년부터 미중 무역분쟁과 함께 글로벌 경기둔화, 영국의 노딜 브렉시트(영국의 EU 탈퇴), 한반도 남북관계, 한일 경제제재 등 글로벌 정치적·경제적 불확실성이 확대되는 상황에서 최근 5년간 급속도로 상승한 서울의 주택가격도 부담이 될 수밖에 없다.

부동산 정책은 탈규제와 규제강화를 반복

정부의 부동산 정책은 탈규제와 규제강화를 반복해왔다. 경제 호황과 침체 주기에 따른 부동산 정책이 대부분 반대로 시행되면서 정책에 대한 신뢰가 낮다.

1980년대 후반은 국내 산업화가 빠르게 진행되고 중화학공업이 발달되는 시기로 1988년 서울 올림픽 개최라는 큰 행사를 앞두고 대대적인 인프라 확충과 도심 정비가 이루어졌다.

1985년 일본의 플라자 합의로 엔화보다 원화가 경쟁력을 가지게 되면서 '3저 효과'인 저달러, 저금리, 저유가로 한국은 수출의 최대 수혜를 입으며, 1988년 서울 올림픽을 시작으로 대규모 무역수지 흑자를 기록한다.

이러한 국민의 전체소득이 빠르게 증가하고 인구증가와 함께 택지 및 주택수요가 대폭 증가해 부동산 투기가 전국적으로 확대되었다. 그 당시 일명 '복부인'까지 등장하게 되었다. 1993년 문민정부(김영삼 정부)가 탄생하며 그해 금융실명제를 실시하고, 주택시장 안정화 대책을 위해 1995년 부동산실명제를 실시했다.

이에 부동산 구입 자금출처까지 조사하는 등 부동산 거래 위축이 시작되었다. 국민의 정부(김대중 정부) 시기인 1997년 외환금융위기를 맞아 은행과 대기업이 도산하고 주택가격은 폭락하며 부동산 시장이 침체되었다.

이에 국민의 정부는 다양한 감면제도(양도세 및 취·등록세), 분양가 자율화, 분양권 전매허용 등을 통한 강력한 부동산 탈규제 정책을 시행했다. 국내외 경기회복으로 주택가격이 빠르게 상승하자 국민의 정부는 부동산의 탈규제 정책에서 규제강화로 전환한다. 그 시점에서 참여정부(노무현 정부)가 출범했다.

참여정부는 경기회복과 그 전의 부동산 활성화 정책이 맞물리면서 주택가격과 전세가격이 급등하고 신규 분양가격도 대폭 상승하는 '동조화현상Coupling'이 발생했다.

참여정부는 서울의 주택가격이 급등해 전국적으로 부동산 투기가 확산되었다. 특히 아파트가격 급등의 풍선효과를 양산시키는 근원지인 서울 강남지역의 집값을 안정화시키는 것이 가장 큰 과제로 부각됐다. 그 당시 '버블세븐'으로 강남, 서초, 송파, 목동, 분당, 용인 그리고 평촌 등에서 아파트가격이 폭등하는 국지적 과열현상이 발생했다.

이에 참여정부는 근본적인 해결책으로, 정치적 측면에서는 수도권에 집중된 행정지구를 지방으로 분산시켰는데 행정수도를 세종시로, 공기업을 지방혁신도시로 이전시켰다. 또한 수도권 제2기 신도시인 김포, 파주, 화성, 판교, 평택, 청라 등의 대규모 신규 주택공급계획을 추진했다.

하지만 부동산 투기는 지속되고 아파트 가격은 사상 최대치를 갱신하며 부의 편중이 심해져 빈부격차가 확대되고 전세가격도 폭등하며 서민들의 주택난은 더욱 심해졌다. 참여정부의 강력한 부동산 정책은 주택의 수요억제에 초점을 맞춰 시장경제에 맞는 주택공급의 확대에 빠른 해결책을 내놓지 못했던 것이다.

2008년 미국 서브프라임 모기지Subprime Mortgage 사태로 미국의 금융위기와 2011년 유럽발 재정위기가 지속되면서 글로벌 경기침체는 수출주도 국가인 한국을 강타했다. 2008년 이전 한국의 부동산 가격 급등은 전국적으로 신규 아파트를 대규모로 공급하게 했다. 하지만 글로벌 금융위기는 한국의 부동산 시장을 얼어붙게 만들어 결국 전국의 아파트 미분양은 빠르게 급증하고 전국의 아파트에 대규모 미입주 현상을 야기시켰다.

글로벌 경제위기에 실용정부(이명박 정부)는 한국경제 및 서민경제 살리기가 대선 공약이 되었다. 침체되고 있는 국내 경제활성화 및 부동산 시장의 정상화를 위해 실용정부는 참여정부 당시 단단히 묶어놓은 부동산 규제강화 정책을 하나씩 풀기 시작했다.

연이어 박근혜 정부의 부동산 정책은 2013년부터 시작되어 2015년까지 더 많은 부동산 탈규제를 추진했다. 조세, 금리, 청약, 거래 등 모든 부분에서 혜택을 주는 등 정부는 국내 부동산 경기 활성화에 총력을 기울였다.

계속되는 글로벌 경기침체로 저금리 기조에 따른 국내 기준금리도 2016년 6월 1.25%라는 초저금리 시대를 맞이하게 되었다. 정부의 다양한 부동산 탈규제 정책과 주택구매 심리가 빠르게 개선되면서 전국 아파트 신규분양은 2014년 전년대비 18.3% 증가한 33.5만 세대, 2015년 전년대비 54.6% 증가한 51.8만 세대로 사상최대치를 기록하게 되었다.

그 결과 지방의 미분양된 아파트는 사라지고 주택가격은 2013년 하반기부터 회복되기 시작해 수도권에 있는 아파트 가격까지 상승하게 되었다. 또한 2014년부터 서울을 중심으로 한 재건축 아파트 상승세는 2019년까지 지속되고 있다.

이로 인해 2017년 1분기 가계부채는 약 1,359조 원으로 2013년 대비 약 33.4% 증가했고, 가계부채 중 주택담보대출은 약 551조 원으로 2013년 대비 31.8% 급증했다. 따라서 박근혜 정부는 가계부채 건전성 및 주택시장 안정화 대책을 통해 부동산 규제강화로 정책을 선회했다.

2017년 문재인 정부는 국내외 경제상황이 경기침체에서 회복기로 진입하고 국내 부동산 가격이 급등하는 현상으로 강력한 부동산 규제정책을 추진하고 있다.

정치적 요인에 따라 정부별 부동산 정책 방향이 결정

2020년 4월로 예정된 총선(제21대 국회의원 선거)에 따른 부동산 가격 상승 기대감이 존재한다. 하지만 역대 대통령 선거 및 총선과 부동산 가격을 분석해보았을 때 큰 영향은 없었다. 정치적 이슈보다는 경제적 상황이 실제 부동산 시장에 미치는 영향이 더욱 크기 때문이다.

문민정부(김영삼 정부)에서 문재인 정부까지 국내외 경제상황과 정권교체에 따른 정치적 요인으로 정부별 부동산 정책 방향이 결정되었고, 부동산 정책의 여러 수단으로 주택가격 급등락을 방지하고 주택시장 안정화에 힘을 쏟았다.

1995년 김영삼 정부의 부동산실명제를 통한 부동산 규제정책, 1998년 김대중 정부의 외환금융위기 극복을 위한 부동산 활성화를 위한 탈규제 정책, 2003년 노무현 정부의 주택가격 안정화 대책과 함께 강력한 부동산 규제정책, 2008년 이명박 정부의 경제활성화를 위한 감세정책으로 일시적 종합부동산세 폐지 등의 부동산 탈규제 정책, 2014년 박근혜 정부의 경기부양 방안으로 부동산 시장을 살리기 위한 LTV(주택담보대출비율) 및 DTI(총부채상환비율) 등의 대출규제 대폭 완화, 2017년 문재인 정부의 8·2부동산 대책을 통한 투기지역 지정, 대출규제, 양도세 및 종합부동산 중과 등의 강력한 부동산 규제정책을 시행했다.

하지만 주택부족 현상이 집값 상승으로 이어지면서 주택시장을 과열시켰고, 정부의 정책방향과 상관없이 수요와 공급의 법칙이 시장을 주도했다. 따라서 건설사(시공사) 또는 개발사(시행사) 등 주택공급자 중심 Seller's Market으로 부동산 시장이 형성되고 결국 주택가격 결정권을 주택공급자가 쥐게 되었다.

▼ 문재인 정부의 부동산 규제정책

내용	비고
재건축 초과이익환수제 시행	재건축 사업 장기화
재건축 안전진단 기준 강화	안전진단 평가항목 가중치 변경
다주택자 양도소득세율 중과 시행	조정대상지역 내
종합부동산세 개정안 발표	2019년부터 시행
수도권 주택공급확대 및 투기지역 추가 지정	도시재생 대상지역 99곳 발표
임대사업자 및 다주택자 대출 규제	조정대상지역 내 2주택자 LTV 0%
DSR(총부채리금상환비율) 확대	금융위원회 DSR기준 70%로 결정
청약제도 개편(투기과열지구, 민영주택)	추첨물량 75% 무주택자 우선
3기 신도시 발표(주택공급 확대)	남양주 왕숙, 하남 교산, 인천 계양, 과천
민간택지 분양가상한제, 정비사업 '일몰제' 적용	투기과열지구로 지정, 재건축/재개발 사업 중단
주택 공시지가 현실화	공시지가 현실화 지속(보유세, 상속/증여세, 건강보험료 등)
종합부동산세 공정시장가액 비율 인상	2022년 100%까지 매년 5%P 확대

자료: 국토교통부, NH투자증권 리서치본부

이후 2008년 미국 리먼사태와 2011년 유럽 금융위기는 글로벌뿐만 아니라 국내 부동산 경기침체도 장기화되어 공동주택의 구매 심리가 악화되자 미분양이 폭증하고 부동산 시장은 실수요자 중심Buyer's Market으로 변화되었다.

또한 새로운 수요자New Buyer's Market를 중심으로 맞춤형태의 다층적인 시장으로 주택의 가격, 구조, 형태, 시설 등이 변화하게 되었다.

이런 다양한 주거환경과 다층적 주택수요의 변화로 정부는 주택가격 안정화를 위해 복합적인 규제를 시행하게 되고, 다시 규제를 풀었다가 하는 부동산 규제를 반복한다.

문재인 정부의 강력한 부동산 규제정책은 2017년부터 강화되기 시작했으며, 지방중심의 주택가격 상승은 멈추고 수도권도 점차 둔화되었다. 하지만 역대 정부별 부동산 정책을 살펴본 것과 같이 주택가격 하락 또는 부동산 시장 침체기에 접어들어 내수시장 악화와 국내 경제상황이 나빠지게 될 경우 다시 부동산 탈규제 정책을 통한 내수경기가 부양될 것으로 예상된다.

현재 부동산 규제 강화가 지속될 경우, 부동산 시장경제의 원리에 비춰볼 때 단기적 효과는 분명히 나타나겠지만 최종적으로 서울지역의 주택가격을 안정화시킬 수는 없다. 그 이유는 수요억제 정책뿐만 아니라 신규주택을 원활하게 공급해야 하기 때문이다.

강력한 부동산 정책만이 주택가격 상승을 막고 주택시장 안정화를 가져오는 게 아니다. 그렇기 때문에 시장원리에 맞는 수요와 공급을 지속적으로 분석하고 거기에 맞는 장기적 주택대책을 병행해야 하는 것이다.

 이것만큼은 꼭 기억하자!

부동산 정책은 탈규제와 규제강화를 반복하고 있다. 그 흐름을 알면 투자의 기회가 보인다.

그렇다면 서울 아파트를
언제 사야 하는가?

최근 부동산 수요억제정책에 따른 주택공급은 2021년부터 감소되어 2022년 서울지역에 주택부족 현상이 나타날 것으로 예상된다. 2021년 하반기부터 서울지역이 다시 상승을 시작할 것이다.

향후 5년간 한국의 부동산 시장에 미치는 3가지 이슈는 주택 수요억제 정책인 지역별 전매제한 및 대출규제, 부동산 관련 세금중과(양도세, 재산세, 종합부동산세), 과거 분양된 물량의 입주시점 도래로 정리할 수 있다. 최근 지방에 이어 경기도 및 서울의 입주물량 증가와 같은 요인으로 2021년 상반기까지 부동산 가격 상승 모멘텀이 제한될 가능성이 높다.

정부의 부동산 규제정책뿐만 아니라 국내 경기상황이 악화되고 세계경제 둔화에 대한 우려감이 여전히 상존하는 가운데 2020년까지 조정기가 예상된다.

현재 지역경기 침체와 함께 입주물량이 증가하는 지방의 주택가격이 2017년부터 하락하기 시작했다. 2018년 하반기부터 경기도, 2019년 상반기부터 서울지역의 가격조정이 지속되어 2021년 바닥을 통과해 수도권 중심으로, 특히 서울지역부터 상승이 시작될 것으로 예상된다.

국내 부동산 사이클은 주택가격 상승률이 감소하고 주택거래량이 급감하는 현상으로 부동산 조정기에 접어들었다. 국내 경기침체가 지속되어 2020년까지 입주물량이 지방, 경기도, 서울 순으로 대폭 늘어남에 따라 국내 주택 신규 분양시장도 위축될 것이다. 지방 부동산 시장의 악성 미분양 물량이 여전히 해결되지 않은 채 남아 있고, 경기도의 입주물량은 2020년에도 추가로 증가할 예정이다. 지방 및 경기도 부동산 시장의 조정세가 서울보다 심할 것이다.

서울 부동산, 매매 타이밍을 노리자

앞서 언급했듯이 2008년 미국의 금융위기와 2011년 유럽의 재정위기로 국내 부동산 시장도 침체기에 접어들어 정부의 부동산 탈규제 정책이 시작되었다. 이에 2013년 하반기부터 지방을 중심으로 회복되었고, 2014년에는 정부기관이 지방으로 이전하면서 혁신도시개발사업이 추진되었다.

또한 2015년에는 초저금리 현상으로 실수요자의 주택 구매 심리가 빠르게 개선되면서 주택가격 상승과 전세품귀가 나타났다. 글로벌 침체에 따른 저성장 국면에서 저금리기조가 유지되면서 국내 기준금리도 2013년 5월 2.75%에서 2016년 6월 1.25%로 6차례 인하되어 초저금리 시대를 맞이했다.

이러한 초저금리 시대에 정부의 부동산 탈규제 정책과 맞물린 결과 2014년 전국 아파트 33.4만 세대, 2015년 51.8만 세대, 2016년 45.2만 세대가 신규분양되면서 최근 4년간 주택 신규분양 시장은 초호황을 맞이했다.

신규분양 시장의 초호황은 한국의 가계부채를 약 1,500조 원으로 증가시켰고, 그 중 주택담보대출은 590조 원으로 급속히 늘어나게 되었다. 이로 인해 정부는 2017년 강력한 부동산 수요억제 정책을 시행했다.

2018년부터 투기지역, 투기과열지구, 조정대상지역 등에 대한 전매제한 및 대출규제에 이어 재건축초과이익환수제, 신 DTI(총부채상환비율) 및 DSR(총부채원리금상환비율), 세금중과(지역별 다주택자의 양도소득세 강화), 다주택자의 종합부동산세 인상 등을 시행했다.

또한 토지, 주택 등의 공시가격을 시세에 근접하게 현실화

▼ 부동산 대책 : 공정시장가액비율 2022년까지 100%로 인상

현행 종합부동산세 계산법
(개인별 전국합산 부동산공시가격 − 공제금액) x 공정시장가액비율(80%) x 세율 − 법정공제세액

종부세과세표준

자료: 국토교통부, NH투자증권 리서치본부

▼ 연도별 전국 표준주택 공시가격 변동률

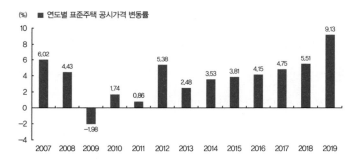

자료: 국토교통부, NH투자증권 리서치본부

율을 계속 인상하고, 세금의 표준과표로 산정하는 공정시장가액비율을 현행(2018년) 80%에서 매년 5%p 인상해 2022년까지 100%로 확대되면서 부동산 보유세(재산세+종합부동산세)가 대폭 인상될 예정이다. 즉 주택가격이 상승하지 않더라도 최근 3년간 급증한 주택가격으로 추가 부담해야 하는 세금(재산세, 종합부동산세)은 늘어날 수밖에 없다.

이런 정부의 부동산 규제정책 중 강력한 대출규제LTV, DTI,

DSR 및 세금중과(다주택자 양도세, 종부세, 공시가격 현실화 등) 등은 주택가격이 지속적으로 상승하기 어려운 주요 원인들이다.

똘똘한 한 채와 주택수요가 꾸준한 서울지역도 마찬가지다. 특히 공시가격(공시지가) 현실화로 서울지역에서 집을 보유하기 위한 재산세와 종합부동산세 부담은 타지역보다 가중될 것이다.

2019년 국토교통부의 표준주택 공시가격은 전국 아파트 공시가격이 전년대비 5.24%(2018년 5.02%) 상승했고 서울은 14.02% 올랐다. 특히 용산 17.7%, 동작 17.6%, 마포 17.2%, 서초 15.9%, 강남 15.6% 등의 지역이 높은 상승률을 보였다. 다만 서울의 아파트 공시가격과 실제 시세와의 비율을 의미하는 현실화율은 2018년과 같은 68.1%로 산정되었다.

하지만 서울 주택가격 상승에 따른 공시가격 상승으로 서울 성동구 약 3,500세대, 마포구 약 5,200세대의 주택이 새롭게 종부세 대상으로 편입되었다. 기존 공시가격 9억 원 이상 주택은 서울 강남지역 중대형 아파트에 국한되었지만, 강남지역 소형평수와 강북지역(이촌동, 목동, 여의도동) 중대형 아파트로 확대되었다.

2018년 하반기 금융당국은 제1금융권을 대상으로 DSR(총부채원리금상환비율) 지표를 도입했다. DSR이란 모든 대출(주택담보대출, 신용대출 등)의 원리금 상환액을 연소득으로 나눈 비

▼ 투기지역 〉 투기과열지구 〉 조정대상지역

구분	투기지역	투기과열지구	조정대상지역		전매제한기간 조정내용
서울	강남, 서초, 송파, 강동, 용산, 성동, 노원,마포, 양천, 영등포, 강서, 종로구, 중구, 동대문, 동작구(15개구)	전 지역 (25개구)	전 지역 (25개구)	–	– 투기지역, 투기과열지구, 조정대상지역 제1지역 – : 소유권이전등기시 – 조정대상지역 제2지역 성남시(민간택지) : 1년 6개월 – 조정대상지역 제3지역(남양주, 하남, 고양, 수원팔달, 용인 기흥–민간택지) : 6개월'
경기	–	과천시, 광명시, 하남시, 성남시 분당구	과천, 광명, 하남, 성남, 동탄2, 구리, 안양동안, 광교지구, 수원팔달, 용인수지, 용인기흥 + (고양시)삼송지구, 원흥·지축·향동지구, 덕은, 킨텍스1단계지구, 고양관광문화단지 + (남양주시)다산동, 별내동	경기도 고양시, 남양주 해제일부 제외)	
지방	–	대구시 수성구	–	부산시 (해운대, 수영, 동래) 3개구 해제	
기타	세종시	세종시	세종시	공공	

주: 2019년 11월 8일 지정 및 해제
자료: 국토교통부

▼ 부동산 대책 : 주택구입 목적시 지역별 LTV·DTI 비율

주택가격	구분		투기과열지구 및 투기지역		조정대상지역		조정대상지역 외 수도권		기타	
			LTV	DTI	LTV	DTI	LTV	DTI	LTV	DTI
고가주택 기준 이하 주택 구입시	서민 실수요자		50%	50%	70%	60%	70%	60%	70%	없음
	무주택세대		40%	40%	60%	50%	70%	60%	70%	없음
	1주택 보유세대	원칙	0%	–	0%	–	60%	50%	60%	없음
		예외	40%	40%	60%	50%	60%	50%	60%	없음
	2주택 이상 보유세대		0%	–	0%	–	60%	50%	60%	없음

주: 고가주택은 공시가격 9억 원 초과, 음영부분은 9.13부동산대책으로 변경된 사항
자료: 국토교통부, NH투자증권 리서치본부

▼ 신DTI, DSR 규제 비율 강화로 무리한 대출 제한 : 갭투자 대폭 축소

구분	기존 DTI	신 DTI (현행)	DSR(총부채원리금상환비율)
산정방식	해당 주담대 원리금 상환액 + 기타대출 이자상환액 / 연간소득	해당 주담대 원리금 상환액 + 기존 주담대 원리금 상환액 / 연간소득	모든 대출 원리금상환액 / 연간소득
소득산정	전년도 소득총액	미래소득 및 자산평가 반영, 일시적 소득은 감액, 신고 및 인정소득은 일정액 감액	미래소득 및 자산평가 반영, 일시적 소득은 감액, 신고 및 인정소득은 일정액 감액
활용방식	대출심사시 규제비율로 활용	대출심사시 규제비율로 활용	금융회사 여신관리 다양한 활용방안 마련
적용범위	수도권 및 조정대상지역	전국 확대 검토	3월 시범운용 후 전 금융권
도입시기	2017년 8월 23일부터	2018년 3월 적용	2018년 10월 31일 적용

주: DTI = Debt to Income Ratio, DSR = Debt Service Ratio
자료: 금융위원회, 국토교통부, NH투자증권 리서치본부

율로, 70%를 초과하는 경우 고DSR로 분류한다. 즉 연봉이 5,000만 원인 직장인의 대출 원리금이 1년에 3,500만 원을 초과하는 경우 DSR로 분류되며 신규대출 심사에서 승인거절 또는 한도축소될 가능성이 높아진다.

금융당국은 제1금융권에 이어 제2금융권에도 2019년 6월부터 DSR 지표를 도입하며 개인사업자, 부동산임대업의 대출 증가세를 조절하고 있다.

두 번째 이슈는 2015년부터 글로벌 경기회복으로 2017년 미국 연준Fed이 기준금리를 3차례, 2018년 4차례 인상하며 2.25~2.50%로 상승해 국내 기준금리도 2차례 인상하며 1.75%로 상승되었다.

이런 기준금리 인상은 주택담보대출 금리 상승으로 이어져 부동산 대출이자 부담을 가중시켰다. 한국의 주택 기대 임대수익률은 약 5%로 기존 주택담보대출 금리가 3.1~4.2%에서 3.5~4.7%로 상향 조정되어 갭Gap투자는 사실상 어려워진 것이다. 주택에 투자하기 위해서는 기대 임대수익률이 담보대출의 이자보다 높아야 한다. 그래야 향후 주택가격 상승에 따른 차익실현을 기대할 수 있다.

최근 글로벌 경기침체에 대한 우려로 다시 미국 연준Fed이 금리인하를 시사하며 한국은행은 기존 1.75% 기준금리를 2019년 7월, 10월에 0.25%씩 연이어 인하해 1.25%가 되었다. 그만큼 한국의 경제성장률이 빠르게 악화되면서 경제 펀더멘탈에 빨간불이 켜졌다.

국내 경기둔화가 지속됨에 따라 가처분 소득도 감소해 시장경제 원리에 따라 주택수요도 악화될 수밖에 없다. 또한 다주택자의 양도소득세 및 종합부동산세, 공정시장가액비율 상향과 공시지가 현실화로 보유세 상승과 함께 강력한 대출규제인 신DTI 및 DSR시행으로 대출여력도Leverage도 대폭 축소된 상태이다.

따라서 가처분 소득 감소와 정부의 부동산 대출규제 및 세금중과로 주택 구매여력과 투자심리가 약화되어 주택거래량도 급감할 수밖에 없는 상황이다.

공급과 수요에 주목하자

세 번째 이슈는 공급과 수요다. 2014년부터 최근 4년간 신규주택공급이 대폭 증가해 본격적인 입주물량이 2017년 하반기부터 시작되었다. 신규 주택공급이 지방부터 공급되어 입주물량도 지방부터 대폭 증가함에 따라 2018년 주택가격이 급락하고, 이 같은 흐름은 2018년 상반기 경기도 지역으로 확대되었다.

156

서울지역의 주택보급률은 낮고 여전히 주택수요가 많아 주택공급이 부족한 가운데 2015년부터 2017년까지 재건축사업 활성화로 2018년 3.7만 세대, 2019년 4.1만 세대, 2020년 약 4.0만 세대까지 일시적으로 입주물량이 늘어난다.

서울지역의 재건축사업이 활성화될 수 있었던 것은 2015년 4월부터 시행된 '민간택지 분양가 상한제 탄력적용, 재건축초과이익환수제 유예, 도시 및 주거환경정비법 개정으로 재건축 동의요건 완화' 등의 이른바 '주택3법'의 영향이다. 가로주택정비사업, 수직증축 및 리모델링 관련 주택정비사업 규제가 완화되면서 서울에 노후화된 주택과 강남중심 재건축사업이 확대되었다.

2017년부터 지방의 주택가격 하락세가 지속됨에 따라 정부의 강력한 부동산 규제는 또다시 지방 내수경기 활성화 정책으로 변경될 가능성도 있다. 그 이유는 주택가격이 지속적으로 하락하게 되면 국민의 재산에 대한 불안감이 커지고 내수경기에 악재로 작용해 결국 정부도 부동산 관련 세금을 부과하는 데 어려움을 겪기 때문이다.

전국 부동산 시장은 주택가격 하락세로 주택거래량이 급감하면서 부동산 조정기에 진입했다. 서울지역에서도 강남지역과 재건축 단지의 주택가격은 상승을 이어가고 있지만 서울지역 전체의 주택가격은 둔화세에 있다.

정부의 부동산 정책이 탈규제를 시작하는 시점은 국내외 정치적·경제적 상황에 맞게 다시 다가올 것이다. 2019년부터 미중 무역갈등이 더욱 고조되고 영국의 노딜 블레시트(EU연합 탈퇴), 북미회담, 한일 경제제재 등 대외 정치적 불확실성이 장기화되고 있다. 이로 인한 글로벌 경기침체 우려감도 커지고 있다.

최근 국내 부동산 수요억제정책으로 투기과열지구 분양가상한제 적용, 재건축초과이익환수제 부활에 따른 서울지역의 주택공급은 2018년, 2019년 크게 감소되어 2022년 주택부족 현상이 나타날 것으로 예상된다. 특히 아파트 신규분양 후 입주는 약 4년(주 52시간 근무제 시행) 뒤에 이루어지게 되고 지역별 주택가격의 차별화 현상은 더욱 확대되어 앞서 언급한 글로벌 도시와 같이 경제·정치·문화 기능이 서울에 더욱 집중되는 현상이 나타날 것으로 전망된다.

역대 최고치를 경신한 2015년 전국 아파트 신규분양 51.9만 세대의 입주가 2018년부터 시작되면서 전국 아파트 입주물량은 2018년 약 46만 세대(+16.8%, y-y), 2019년 41만 세대(-9.9%, y-y), 2020년 37만 세대(-5.8%, y-y)로 높은 수준을 이어가고 있다.

최근 3년간 입주물량이 대폭 증가한 지방중심에서 향후 3년간 지방, 경기도, 서울지역 순으로 입주물량이 확대되고 있다.

▼ 신규분양/입주물량 증가에 따른 주택가격 둔화세

자료: 부동산114, NH투자증권 리서치센터 전망

▼ 서울 아파트 입주물량

자료: REPS, NH투자증권 리서치본부

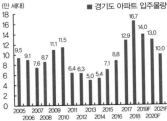

▼ 경기도 아파트 입주물량

자료: REPS, NH투자증권 리서치본부

경기도는 2018년 16.7만 세대(+29.5%, y-y), 2019년 14만 세대(-16.2%, y-y), 2020년 13만 세대(-7.1%, y-y), 서울은 2019년 4.4만 세대(+18.9%, y-y), 2020년 4.1만 세대(-6.8%, y-y), 2021년 3만 세대(-4.5%, y-y)에 육박하는 입주물량이 들어오게 된다.

또한 서울인구는 2000년대 이후 순유출세를, 경기도인구는 순유입세를 보이고 있는데 최근 경기도 입주물량이 증가하고 상대적 주거비용이 저렴해서이다. 2018년 경기도 아파트 입주물량이 16.7만 세대로 역대 최대치를 기록하면서 서울을 벗어나 경기도 지역으로 이주하는 인구 또한 증가했다.

특히 30~60세 연령층의 순유출 비중이 87%로 서울 주택 수요를 뒷받침하는 연령층이 감소하여 전세시장에 영향을 주고 있다. 이로 인해 2015년부터 2019년 4월까지 서울 아파트의 평균 매매가격은 57% 상승한 반면 전세가격은 30% 상승하는 데 그쳤다.

매매가격과 전세가격의 괴리율이 커지면서 2019년 3월 서울의 전세가율(주택매매가격 대비 전세가격)은 54.2%로 3년째 하락을 이어갔다. 특히 서울 내 25개 구 중에서 강남구가 48.6%로 가장 낮은 전세가율을 보이고 있는 반면 중랑구는 72.4%로 가장 높다.

서울 재건축이 진행되거나 재개발 구역에 속한 오래된 아파트가 많아 전세가격은 낮지만 매매가격은 개발에 대한 기대감으로 높게 형성되어 있다. 향후 재건축사업이 연기되거나 개발호재가 부재할 경우 가격 하락은 불가피할 것이다.

서울 25개 구가 투기과열지구로 지정되어 '소유권이전등기 시'까지 전매가 제한되고 LTV 및 DTI 40%로 적용되는 대출 규제가 시행되어 실수요자들이 신규분양에 참여하기가 현실적으로 더욱 어려워졌다.

이로 인해 서울 아파트 매매가격과 전세가격의 괴리율이 커지면서 이러한 요인들로 인해 실수요자의 전세선호는 2020년까지 지속 확대될 것으로 판단된다.

지방의 경우 아파트 미분양 물량이 여전히 5만 세대를 상회하고 있고, 2020년까지 입주물량에 대한 부담이 높아 가격이 지속적으로 하방 압력을 받고 있다.

또한 수출 감소와 국내 경기 둔화로 지역 경제가 빠르게 악화됨에 따라 실업률이 증가하고 가처분소득이 감소해 결과적으로 주택수요도 축소될 것으로 전망한다.

글로벌 경기둔화와 국내 경기 상황이 추가적으로 악화될 경우 기준금리가 인하되어 주택담보대출금리 또한 낮아질 가능성이 있지만, 지방 부동산 시장의 침체가 장기화되어 향후 자산가치 상승을 위한 갭gap투자 환경은 더욱 어려워질 전망이다.

국내 기준금리 인하에 따른 낮아지는 주택담보대출금리에도 불구하고 갭투자가 현실적으로 어려운 점은 강력한 대출규제(LTV 및 DTI), 공시지가 상승에 따른 보유세(재산세+종합부동산세) 인상, 자산차익에 대한 양도세 중과, 2020년까지 늘어나는 입주물량 등 전국의 부동산 가격 상승 모멘텀이 부재할 가능성이 높기 때문이다.

똘똘한 한 채와 주택수요가 꾸준한 서울지역도 현재는 마찬가지다. 하지만 글로벌 경기둔화와 국내 경기침체로 한국의 기준금리가 1%까지 인하될 것이 예상됨에 따라 주택담보대출 이자 부담은 축소된다. 또한 민간택지 분양가상한제 적용으로 대부분 규제가 시행되어 향후 더 강력한 규제 도입이 현실적으로 어려울 것으로 판단된다.

국토교통부는 민간택지 분양가상한제 적용기준을 개정하고 4년 7개월 만에 다시 2019년 10월말부터 시행하고 있다. 분양가상한제란 분양가격에 대한 상한선을 적용해 주변시세보다 상대적으로 10~20% 낮게 신규 공동주택을 공급하는 것이다.

기존 공공택지에서 민간택지까지 다시 확대하고 특정지역을 '구' 단위가 아닌 '동' 단위로 적용하고 있다. 서울 8개구에 있는 27개동을 지정한 곳은 강남구 8개동, 서초구 4개동, 송파구 8개동, 강동구 2개동, 영등포구 1개동, 마포구 1개동, 용산구 2개동, 성동구 1개동이다. 다만 과도한 재산권 침해와 공급 위축을 우려해 관리처분계획 인가를 받은 재건축/재개발 조합에 6개월간 유예 기간을 주기로 했다.

이번 개정안을 통해 분양가상한제 지정 필수요건을 투기과열지구로 지정된 지역으로 변경하고, 지정효력 적용시점을 최초 입주자모집 승인 신청 단지로 일원화했다. 또한 분양가의 수준에 따라 전매제한기간을 5~10년으로 확대했으며, 집값이 급등하는 지역을 중심으로 국토교통부는 '동'단위의 민간택지 분양가상한제를 지속적으로 확대할 것이다.

결국 민간택지 분양가상한제는 재건축초과이익환수제, 세입자 손실보상 등과 함께 사업추진이 늦어지고 장기화되어 재건축에 대한 개발의 분담금도 늘어나 서울지역의 신규 주택공급을 장기적으로 저하시킬 전망이다.

 이것만큼은 꼭 기억하자!

2018년 하반기부터 경기도, 2019년 상반기부터 서울지역의 가격조정이 지속되어 2021년 상반기까지 입주물량이 지방, 경기도, 서울 순으로 늘어난 이후 서울지역부터 다시 상승을 시작할 것으로 예상된다.

소규모 가로주택정비사업을 통한
도시재생 활성화에 주목하자

재건축초과이익환수제 부활로 재건축사업의 장기화는 불가피하다. 소규모 가로주택정비사업의 도시재생이 활성화될 수 있는 곳을 주목하자.

재건축초과이익환수제란 재건축 주택물의 과도한 가격상승을 막기 위해 부과되는 부담금이며, 입주시 평균 집값 상승분에서 공사비 및 조합운영비 등 개발비용을 뺀 금액이 3천만 원을 초과할 경우 초과분의 10~50%를 재건축초과이익으로 환수하는 제도이다. 이 제도는 2006년 참여정부(노무현 정부)에 서울 강남지역 중심의 재건축사업이 늘어나면서 개발에 따른 투기수요로 주택가격 폭등을 진정시키기 위한 강력한 부동산 정책 중 하나이다.

재건축초과이익환수제는 2006년 도입으로 2012년까지 시행되었으나 글로벌 경기침체로 인한 국내 주택가격 하락과 미분양이 대폭 증가하면서 2013년부터 2017년까지 2차례 유예되었다. 하지만 2016년부터 서울지역 주택가격 급등으로, 특히 강남지역 중심으로 일어난 주택가격 폭등현상으로 2018년 재건축초과이익환수제는 다시 부활되어 1월부터 시행되고 있다.

　　하지만 시행되고 있는 재건축초과이익환수제에서 재건축초과이익을 최소화하기 위해 재건축을 위한 공사비를 높여 고가아파트로 탈바꿈하는 방법과 분양가상한제까지 같이 회피하기 위해 후분양을 선택하는 방법도 존재한다. 따라서 정부에서는 분양가상한제를 회피하는 후분양 및 일대일 재건축단지에 대한 규제 도입을 검토 중에 있다.

재건축초과이익환수제라는 악재

재건축초과이익환수제 5년간 유예를 통해서 재건축의 사업성을 높이고 조합원의 이익을 보존하고 개발에 대한 이익도 조합원의 몫으로 돌아갈 수 있었다.

　　기본적으로 재건축의 사업성을 극대화하기 위해 층수를 높이고 용적률을 상향하고자 할 경우 지자체에서 요구하는 기부채납비율이 높아진다. 이에 재건축초과이익환수제 부활은 재건축의 조합원 분담금이 늘어나 사업성을 악화시키고 사업진행이 장기화될 수밖에 없다.

2018년 상반기까지 서울 강남지역의 주택가격이 상승했지만 재건축 기대감으로 급등한 아파트 중 '관리처분계획인가'를 신청하지 못한 경우 재건축 사업추진이 더디거나 장기화되어 가격하락은 불가피하게 된다. 또한 8·2 부동산 대책에 따른 투기과열지구 내 재건축 조합원 지위 양도제한(예외조항 존재)으로 조합설립인가를 받은 아파트는 사실상 거래를 할 수 없게 되었다.

게다가 재개발 사업의 진행이 늦거나 장기화되는 정비구역뿐만 아니라 재건축 사업도 조합설립이 늦어지면 정비사업구역에서 해제하는 '일몰제'를 적용할 가능성이 높아졌기 때문이다. 서울시는 2012년 1월 31일 이전에 정비계획을 수립한 38곳 정비구역을 일몰 대상으로 선정하고 2020년 3월 일몰제를 적용할 것을 시사했다.

또한 최근 재개발 세입자에 대한 손실보상 의무화 정책을 통해 재건축 단독·다가구·다세대·연립주택 등의 세입자까지 보상이 의무화되어, 서울 재건축 및 재개발의 정비사업 진행이 어려워지고 장기화됨에 따른 매몰비용Suck Cost도 발생해

166

결국 사업성이 악화될 가능성이 높다.

2018년 1월부터 부활한 재건축초과이익환수제와 전국의 입주물량이 본격화되고 일부지역에서의 전매제한, 강화된 대출규제, 세금중과 등의 영향으로 신규분양 시장도 약세로 전환되고 있다.

따라서 재건축 분담금 및 세입자 손실보상에 따른 사업성 축소, 공시지가 현실화로 보유세(재산세+종합부동산세) 부담이 가중되어 최근 이슈화되는 분양가상한제까지 시행될 경우 재건축 사업 진행이 장기화됨에 따라 가격 하락으로 되돌림 현상이 확대될 것이다.

다만 공시지가의 상승으로 재건축초과이익환수제에 근거한 재건축부담금이 감소할 수 있어, 사업성이 있는 단지는 보다 빠르게 진행될 수 있다.

재건축 사업에 대한 '관리처분계획인가'가 완료된 지역은 문제가 없지만, 그 이전 단계에 있는 단지(압구정특별계획 3구역, 서초구 신반포 2·4·25차, 여의도 광장아파트 등)들은 더욱 늦어질 것으로 예상된다.

서울시는 서초, 반포, 여의도, 잠실, 이촌 등 18개 아파트지구를 지정해 주거환경, 교통여건 등 기반시설과의 연계를 종합적으로 고려한 지구단위계획을 수립해 2019년 하반기에 결과를 발표할 예정이지만 늦어지고 있다.

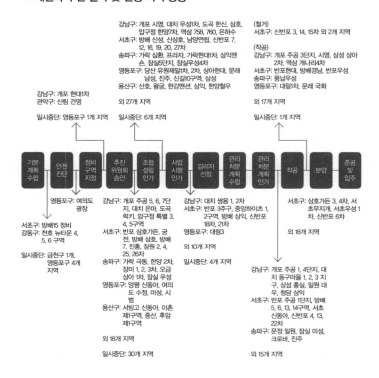

▼ 재건축 추진 절차 및 진행 지역 상황

    잠실지역은 잠실주공 5단지, 장미아파트 1·2·3차, 미성/크
로바, 진주아파트 등이 사업인가 시행을 앞두고 있거나 통과
했으며, 이촌 서빙고지역의 경우 한강맨션, 왕궁맨션, 삼익아
파트, 신동아아파트 등이 재건축 추진중이고, 초기단계에 있
는 한강맨션, 신동아아파트도 영향을 받을 것으로 예상된다.
    언론에서 조사분석한 결과에 따르면 2017년 말까지 초과
이익환수제를 피한 서울의 재건축사업지는 약 80곳으로 전체

30.4%를 차지했다. 덧붙여 재건축 진행단계에서 조합설립인가에서 사업시행인가로 평균 3.6년이 소요되고, 사업시행인가에서 관리처분인가까지 평균 1.3년이 걸린다.

재건축 사업이 빠르게 진행되더라도 평균 5년이 걸리기 때문에 규제대상 지역과 아닌 지역을 구분하는 것이 가장 중요한 재건축 투자방법이다. 앞서 살펴본 정부의 부동산 정책변화에서 알 수 있듯이 재건축 관련 규제도 완화될 수 있다는 점이다.

향후 서울지역의 주택공급을 늘리기 위해서는 결국 재건축 사업을 활성화 시켜줄 수밖에 없기 때문이다. 약 10년의 장기적 관점으로 주거와 투자를 고려해 오래된 재건축 아파트에 관심을 가질 것을 권고한다.

가로주택정비사업에 돈 벌 기회 있다

약 2~3년의 중단기적 관점에서 소규모 재건축인 '가로주택정비사업'에 관심을 가져야 한다. 서울지역에 추진되고 있는 소규모 주택개발이 빠르게 진행되고 있다.

최근 서울지역 주택가격이 상승한 것은 주택보급률이 96.3%로 여전히 수요보다 공급이 부족하기 때문이다. 이에 서울시에서 서울지역 주택공급을 확대하기 위해 재건축 및 재개발을 제외하고는 도시재생의 일환으로 가로주택정비사업을 선택할 수밖에 없다.

기존 가로주택정비사업은 도시계획시설인 도로로 둘러싸인 지역에서만 시행할 수 있었다. 그리고 구도심 주택가의 경우 이면도로 중 도시계획시설이 아닌 도로가 다수 있어 사업을 확대하기 어려웠다.

그러던 것이 '도시 및 주거환경정비법 시행령' 개정을 통해 한 면이 도시계획 시설도로와 접하면 나머지는 도시계획 시설이 아닌 도로(폭 6m 이상)와 접해도 사업이 가능하게 되어 사업대상 지역이 대폭 확대되었다. 따라서 종전의 도로를 그대로 유지하면서 1만m² 미만의 주거지역을 개발하는 가로주택정비사업이 가능해져 소규모 재개발 사업이 더욱 활성화될 수 있다.

또한 이를 위해 서울시는 전체 건축공사비 40% 이내, 최고 30억 원까지 2% 저리로 융자지원을 하고 주택도시보증공사HUG는 시공보증과 부담금·이주비 등 대출시 최대 90%까지 보증을 실시하고 있다.

가로주택정비사업은 도로와 접한 소규모 노후 저층주택을 대상으로 하는 소규모 도시재생사업으로 2012년 도입되었고, 2018년 2월 절차가 간소화되었으며, 이를 지원확대하는 '빈

▼ 도시 및 주거환경정비법

▼ 빈집 및 소규모주택 정비에 관한 특례법

집 및 소규모주택 정비에 관한 특례법'이 시행되고 있다.

　노후 및 불량 건축물의 2/3 이상, 기존주택 20호(단독주택 10호 이상) 이상 가능하며, 조합설립 없이 토지 등 소유자의 80% 이상 및 토지면적 2/3 이상의 토지소유자의 동의로 이루어질 수 있다.

　가로주택정비사업은 대규모로 개발되는 재개발 및 재건축보다 사업기간이 단축되며 지자체에서 건축특례로 용적률 인센티브를 부여해 서울시에서 최대 20% 용적률 상향을 검토 중에 있다.

　주택 재개발의 경우 조합원이 다양하고 사업 타당성 분석에 많은 시간이 소요됨에 따라 추진 중에 지연되거나 취소되는 경우가 많았다. 다시 재건축 사업을 추진할 경우 기존 매몰비용이 많아 사업성이 더욱 좋아져야 추진될 수 있었다.

　하지만 소규모 정비사업은 기존의 대규모 정비사업에 비해

▼ 가로주택정비사업 요건

대상지	도시계획도로로 둘러쌓인 1만㎡ 미만의 지역
노후도	노후·불량 건축물 수가 전체 건축물의 3분의 2 이상
사업규모	단독주택 10호 이상 또는 공동주택 20가구 이상
주민 동의율	토지 등 소유자 85% 이상 및 도지면적 3분의 2 이상

가로주택정비사업 추진 절차

조합설립인가 → 사업시행 계획서 작성 및 제출 → 주민 공람 및 의견 수렴 → 관리처분 → 착공 및 분양

▼ 정비사업 절차 비교

구분	사업별	절차	기간
대규모 정비 사업	재개발, 재건축, 주거환경개선사업	정비기본계획수립 → 정비구역 지정 → 추진위설립 → 사업시행인가 → 관리처분계획 → 철거 및 착공	약 10년 소요
소규모 정비사업	가로주택정비, 소규모 공동주택 재건축	조합설립 → 사업시행인가 → 관리처분계획 → 철거 및 착공	2~ 3년 소요
	빈집정비, 집주인 리모델링 임대	사업대상 선정 → 건축계획수립 → 착공	6개월~1년 소요

주: 2015년 4월 서울시 발표
자료: 건설산업연구원, 서울시, NH 투자증권 리서치센터

▼ '건축투자활성화 대책' 결합건축제도 도입

▶ 결합건축제도 도입 → 연간 약 9,000억 원 투자창출
  노후/불량건축물이 밀집된 일정지역 내 복수의 대지를 하나의 대지로 간주해 대지간 용적률 조정 허용

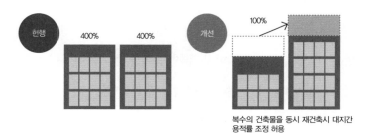

복수의 건축물을 동시 재건축시 대지간
용적률 조정 허용

자료: 국토교통부, NH투자증권 리서치센터

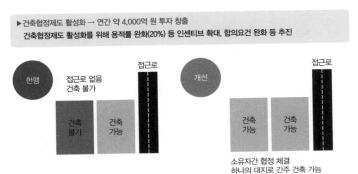

▼ '건축투자활성화 대책' 건축협정제도 활성화

▶ 건축협정제도 활성화 → 연간 약 4,000억 원 투자 창출
  건축협정제도 활성화를 위해 용적률 완화(20%) 등 인센티브 확대, 합의요건 완화 등 추진

자료: 국토교통부, NH투자증권 리서치센터

사업절차가 간소화되고 기간도 2~3년으로 짧아 조합원의 합의 및 타당성 분석도 쉽고 매몰비용도 최소화시킬 수 있다. 이제는 절차도 복잡하고 오랜 시간이 소요되는 신도시 및 뉴타운 같은 대규모 재개발사업단지보다 규모가 작은 주택개발사업이 빠르게 활성화될 것이다.

특히 서울지역의 주택공급은 주택보급률 100%에 도달하기 전까지는 정부 및 서울시에서는 지속적으로 주거에 대한 도시재생을 추진하고 소규모 가로주택정비사업에 혜택을 줄 수밖에 없다.

2018년부터 재건축초과이익환수제 적용으로 재건축사업은 장기화될 수 있다는 점을 고려할 때 도시재생을 위한 소규모 가로주택정비사업이 가능한 지역부터 우선 찾아보자.

▼ 서울 내 가로주택정비사업 추진단지

절차(사업단계)	명칭(단지)	위치
착공	천호동 동도연립	강동구 천호동
관리처분계획인가	면목동 우성주택	중랑구 면목동
사업시행인가	삼안1 삼안2 칠성아파트	강서구 등촌동 강서구 등촌동 구로구 구로동
조합설립인가	서초동 낙원, 청광 천호동 국도연립 서초동 남양연립 대명·삼보연립 방배동 대진빌라 동진빌라 벽산빌라 세광연립 한국·상록연립 삼천리연립 면목부림연립 화인아트 한신빌라 영동·한양빌라 영등포동2가 보령·금강연립	서초구 서초동 강동구 천호동 서초구 서초동 중랑구 중화동 서초구 방배동 금천구 독산동 강동구 상일동 강남구 논현동 서초구 방배동 강동구 성내동 중랑구 면목동 송파구 마천동 서초구 양재동 강남구 청담동 영등포구 영등포2가 영등포구 대림동

▼ 서울 내 가로주택정비사업 추진현황

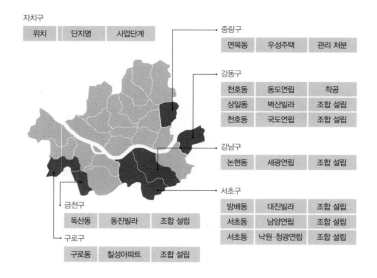

서울지역 가로주택정비사업 추진현황을 살펴보면 금천구, 구로구, 중랑구, 강동구, 서초구, 강남구이다. 조합설립인가 지역을 중심으로 아주 비싸지 않은 분양가를 형성한 곳에 투자하는 것이 유망하다.

　　물론 가로주택정비사업의 개발호재가 반영된 가격으로 형성되어 있겠지만 복잡하지 않은 이해관계로 개발의지가 강한 곳으로는 서초구, 강남구 지역의 다세대주택 및 연립주택에 더욱 관심을 가져야 한다.

 이것만큼은 꼭 기억하자!

사업추진이 빠른 소규모 가로주택정비사업으로 서초구, 강남구 지역의 다세대주택 및 연립주택에 더욱 관심을 가져야 한다.

서울지역의 주택구매 수요는
차고 넘친다

한국의 부동산 역사를 알면 서울 부동산의 가치를 알 수 있다. 서울 부동산의 가치를 알면 왜 수요가 끊이지 않는지 이해할 수 있을 것이다.

한국의 중심지인 서울의 주택개발 역사를 살펴보면, 서울의 주택구매 수요는 차고 넘친다는 것을 알 수 있다. 결국 서울 안에 있는 주택을 선정하는 것이 부동산 투자에서 가장 중요한 핵심이다.

2019년 전체인구 5,170만 명 중 약 92%(4,756만 명)가 도시에 거주하고, 서울을 포함한 7개 광역시를 중심으로 인구가 집중되는 도시화율이 빠르게 진행되었다. 예전의 산업혁명이나 최근의 4차산업혁명 같은 새로운 기술의 발전은 도시를 더

욱 효율적으로 편리하게 진화시키고 도시의 삶에 대한 수요
가 더욱 많아져 여러 곳에서 부촌이 형성된다. 종의 기원과 같
이 도시의 진화인 것이다.

1970년대 본격적인 중화화공업 육성정책으로 한국의 산업
화는 농촌에서 도시로 인구가 급속히 증가해 2019년 기준 10명
중 9명 이상이 도시에 거주하게 되어 도시화율이 92%에 육박
하게 되었다. 이런 공업단지 조성은 울산을 시작으로 계획도
시 창원, 대덕연구도시, 구미공단 배후도시, 과천, 반월 등으로
확대되며 대도시로 발전하게 되었다. 그 후 서울에 많은 대기
업들이 집중되고 구직을 위해 인구가 폭발적으로 늘어 농어
촌에서 지방 대도시로, 지방 대도시에서 서울로 모여들기 시
작했다.

그 당시 서울은 대부분 단독주택으로 밀집된 대도시로 인
구가 가파르게 늘어나고 있었다. 넘쳐나는 서울인구는 새로
운 주택이 필요해 단독주택보다 공동주택(아파트)이 빠르게 확
대되었다. 1964년 최초 마포아파트 단지가 형성되고, 1968년
동부이촌동 공무원아파트가 속속 들어섰다.

급증하는 주택수요는 서울을 아파트 숲으로 만들었고 한
국의 전체 주택수 1,669만 호 중 1,003만 호가 아파트로 약
60%를 차지하게 되었다. 2018년 기준 전국 주택보급률은
103.3%인데 반해 서울은 96.3%(수도권 98.3%)로 여전히 주택

공급이 충분하지 못하다.

앞서 살펴본 인구변화가 서울주택 가격에 유리한 점을 알수 있듯이, 1인 가구와 저출산(출산률 0.98명) 현상이 앞으로 서울의 주택수요에도 직접적인 영향을 줄 것이다. 2030년부터 초소형 주택으로 본격화될 것으로 예상되지만, 이런 변화에도 불구하고 서울지역의 주택가치는 앞으로 더욱 우상향될 것으로 판단된다.

서울 부동산의 역사를 알면 미래가 보인다

1970년 초반에 서울인구는 100만 명이 넘어 서울시의 수용능력을 초과해 강북지역에 형성된 구도심인 종로, 명동 등에 인구가 집중되고 있었다. 이런 인구분산 정책의 일환으로 1966년 '영동 제1지구 토지구획정리사업'과 1971년 '영동 제2지구 토지구획정리사업'으로 두 차례 시행되면서 지금의 강남이 개발되었다.

서울의 중심지인 강북에서 영동·잠실지구와 여의도, 영등포지구로 대법원, 검찰청, 산림청, 관세청 등 정부기관과 한국전력 같은 공기업이 이전되었다.

강북개발을 제한하고 영동지구개발을 통해 강남지역을 활

성화시키기 위해 기존 구도심의 접근성을 높이기 위한 교통 인프라가 확충되었다. 기존 강북과 강남을 잇는 한남대교(제3한강교, 1969년 준공), 남산1호터널(1970년 준공), 잠수교(1976년 준공), 지하철 2호선(1978년 착공), 남산3호터널(1978년 준공) 등이 순차적으로 개통되었다.

고속버스터미널(1975년 완공)과 함께 명문고등학교를 강남으로 이전하며 부동산 강남불패의 신호탄을 울리며 본격적으로 신규 아파트가 분양되었다.

1973년 영동지구를 개발촉진지구로 부동산투기억제세, 취·등록세, 재산세, 면허세 등을 면제하는 파격적인 혜택을 부여했다. 이에 정부는 양재부터 한남까지의 경부고속도로 부지를 무상으로 확보할 수 있었다. 하지만 영동지구의 본격적인 개발로 부동산 투기열풍이 일어나면서 복부인, 한국의 땅부자 1세대를 탄생시키고 현재까지도 강남아줌마로 이어져오고 있다.

1960년 한강이남의 논밭을 사들인 이북 출신 상인들이 국내 땅부자 1세대를 시작으로 1970년부터 본격적인 강남개발(영동지구 및 잠실 등)이 되어 말죽거리 땅부자와 주부들의 땅투기로 복부인이 등장했다. 이후 강남지역의 부동산 상승은 '강남불패'라는 용어를 만들어냈다. 즉 영동지구 개발을 통해 한국의 강남지역이 부촌으로, 부동산 투자를 통해 부를 축적할 수 있는 기회의 땅이 된 것이다.

이처럼 서울의 강남 부동산은 위와 같은 역사적 이슈로 인위적으로 계획된 도시개발로 교통, 학군, 입지만이 아니라 부촌을 형성하는 필요충분조건을 모두 갖추게 되었다.

1971년 '영동 제2지구 토지구획정리사업'이 시행되면서 한강이남의 대규모 토지구획정리사업과 함께 현재 강남구 신사동, 압구정동, 청담동, 논현동, 역삼동, 삼성동, 대치동 등에 아파트단지가 건설되었다.

지금의 이른바 강남 8학군은 1970년 중반까지만 해도 강북에 있던 경기고, 휘문고, 정신여고, 숙명여고, 서울고, 중동고, 동덕여고, 경기여고 등의 명문고를 강남구과 서초구로 이전시킨 것이다. 물론 배재고는 강동구 고덕동에, 양정고 및 진명여고는 양천구 목동에, 창덕여고 및 보성고는 송파구에 위치하고 있다.

또한 1974년에 시작되어 1980년까지 진행된 고교평준화 정책은 주거지 중심의 완전학군제로 바뀌었다. 강남 8학군은 더 많은 서울대학교 합격생을 배출시켜 자녀교육을 위해 강남으로 이사오는 사람이 급증했다.

물론 자원이 풍부하지 않은 한국에서 자녀에 대한 교육열은 세계 최고수준이었다. 강남 8학군 열풍은 위장전입, 부동산 투기 등의 사회적 문제가 되었고, 이는 현재까지도 여전히 식지 않고 있다. 또한 강남은 영동지구개발을 통해 1975년 강남 고속버스터미널, 1984년 지하철 2호선, 올림픽대로 등의 개통과 함께 경부고속도로 진입이 쉬워 완벽한 교통인프라를 갖추게 되었다.

『서울도시이야기』란 책을 참조하면 지금의 압구정, 청담동, 반포 등은 모래펄로 사평沙平이라 불렸으며, 비가 많이 오면 항상 침수되는 지역이었다. 1976년 8월 반포, 압구정, 청담동, 도곡동 등이 영동 1, 2구획 정리지구로 지정되며 약 237만 평이 아파트지구로 선정되었다.

1974년 최초 대단지 반포주공아파트(1단지로 3,786가구 및 2, 3단지로 4,120가구)가 공급된 이후 1976년 영동아파트지구 개발기본계획이 발표되고, 그 다음해 3월에 승인되면서 초등학교 7개, 중학교 4개, 고등학교 3개가 배치되었다.

영동아파트지구는 4개 지구로 16개 단지로 나뉘어 진행되었으며, 1976년 극동아파트가 최초로 준공되었다. 그 후 고속터미널 맞은편에 1977년 반포우성아파트가 우리나라 처음으로 선분양을 도입해 분양되었다. 그 당시 주택은행은 정부의 강남이전정책의 일환으로 영동지구에 대규모 아파트 건설을 위해 적극적으로 지원하게 된다.

또한 현대건설은 압구정 한강주변을 매립해 1975년에서 1977년까지 23개 동의 현대아파트를 대단지로 조성했다.

1977년 도곡 주공아파트, 신반포 1차아파트, 한양 1차아파트 등의 대규모 아파트단지들이 준공되었다. 이런 영동개발지구는 더 이상 아파트를 건설할 토지가 없어 외곽으로 확대해 현재 방배동 삼호, 궁정, 우성, 경남, 삼익아파트 등이 건설되었다. 이때 한보주택은 1978년에서 1979년까지 대치동에 28개 동 4,424가구의 대단지 은마아파트를 조성했다.

서울의 중심지인 강북에서 영동·잠실개발과 함께 여의도·영등포지구도 또 하나의 축으로 개발이 시작되었다. 1971년 서울시는 우리나라 최초의 고층(13층) 아파트인 여의도 시범아파트를 준공했다. 여의도 시범아파트는 이제까지 공급된 시민 아파트와 달리 중산층을 위한 중대형 아파트로 15평에서 41평까지 다양한 면적으로 구성된 24개 동, 1,790가구로 공급되었다.

또한 1977년 3월 분양한 여의도 목화 아파트는 45 대 1의 높은 청약 경쟁률을 보였고, 4월에 분양한 여의도 화랑 아파트는 70 대 1을 기록하며 신흥 부촌으로 떠올랐다. 서울지역뿐만 아니라 급증하는 주택수요에 맞춰 1977년 정부는 10년간 250만 가구의 주택건설을 계획하고 주택건설촉진법을 제정했다.

그 당시 주택보급률이 70% 미만이어서 국민 주거생활 안정화를 위해 민간 주택개발사업에 대한 공공자금 지원을 제도화하고 서울 강남지역의 대대적인 도시개발로 영동지구(강남구 및 서초구), 잠실지구, 여의도 및 영등포 등의 택지개발이 시작되었다.

이에 반포, 잠실, 여의도, 압구정 등 11개 아파트 지구가 지정되며 현대, 럭키, 한신, 우성, 삼호, 삼익, 진흥, 경남 등의 아파트 단지들이 조성되었다. 대규모 아파트 공급에 서울도시개발, 주택공사뿐만 아니라 민간건설업체들이 적극적으로 참여하며 건설사 이름의 브랜드 아파트가 생겨났다.

강남불패는 이어질 것인가?

서울의 강북에서 강남으로 이전에 따른 대규모 아파트 공급에도 불구하고 1985년에 69.8%의 여전히 낮은 주택 보급률을 보였다. 또한 서울의 주택가격 급등에 따른 집값 안정화와 주택난을 해결하기 위해 1989년 서울 근교에 200만 호 1기 신도시(노태우 정부) 건설을 발표한 후 1992년에 본격적인 입주가 시작되었다.

서울인구를 분산시키고 주택부족 현상을 개선하기 위해 추진한 1기 신도시 개발로 성남시 분당 9.7만 호, 고양시 일산 6.9만 호, 군포시 산본 4.2만 호, 부천시 중동 4.2만 호, 안양시 평촌 4.1만 호 등 5개 도시에서 총 29.2만 호의 신규 아파트가 공급되었다. 이때 지역별 아파트 숲과 같은 대규모 주거단지가 탄생한 것이다.

1989년 성남 공설 운동장에서 아파트 추첨을 TV로 생중계하고 청약을 위해 며칠간 길거리에 줄을 서며 기다릴 만큼 신도시 아파트 청약의 인기는 하늘을 찔렀다.

이런 1기 신도시의 대규모 아파트 단지조성으로 1991년 주택보급률을 74.2%로 끌어올렸다. 하지만 교통인프라 확충이 늦어지면서 지역공동체가 활성화되지 못하고 기존 자립형도시는 결국 베드타운이 되었다. 하지만 시간이 지나면서 조금씩 개선되기 시작했다.

그 후 전국의 주택가격은 소폭 하락하며 안정세를 찾았으나, 1997년 한국에 외환금융위기가 찾아왔다. 결국 한국경제뿐만 아니라 부동산 시장도 침체기를 겪으며 주택가격이 폭락하고 신규분양은 급감했다.

2002년 IMF구제금융 상환과 함께 경기회복으로 가처분 소득이 빠르게 개선되면서 수도권(서울 및 경기도)의 전세가격과 아파트 가격이 급등하기 시작했다. 그 이유는 한국의 외환금융위기로 인해 1997년부터 2001년까지 4년간 신규주택이 충분히 공급되지 못했기 때문이었다.

2000년 초 IT기업과 벤처회사가 등장하면서 테헤란로 중심의 고급빌딩들도 증가했다. 이런 한국의 경기회복은 전세가격과 주택매매가격을 상승시켰고 결국 아파트 신규분양가도 올랐다.

특히 강남구, 서초구, 송파구, 목동, 분당, 평촌, 용인 등의 버블세븐 지역의 아파트 가격 폭등은 주택부족 현상과 맞물려 전세가격, 기존 주택가격, 신규분양가 등 모든 주택가격을 끌어올렸다.

그 당시에 민간 건설사는 일반 아파트와의 차별화 전략으로 'e-편한세상', '래미안', '자이 Xi' 등 고급브랜드를 하나 둘씩 런칭한다. 특히 서울 강남지역을 중심으로 더 높은 분양가를 형성하게 되고 분양 후 프리미엄이 붙기 시작했다. 강남지역 신규 아파트 분양은 1970년대 영동지구에 개발된 아파트 단지들의 재건축 사이클이 돌아왔기 때문이다.

그 당시 강남지역 재건축 아파트 가격은 상상을 초월할 만큼 자고일어나면 하루에 수천만 원씩 오르기도 했다. 지금도 간헐적이고 반복적으로 강남지역 재건축 아파트 시세는 개발 호재 및 사업 속도에 따라 급등락하고 있다.

이런 현상은 서울 강남지역을 부촌으로 인식하고 학군, 편의시설(병원, 백화점 등), 교통 등이 두루 갖춰져 있어 주택수요가 지속될 것이라는 컨센서스가 형성되었기 때문이다. 강남지역 아파트 급등의 풍선효과로 서울 전체 주택가격을 상승하게 만들었고 경기도 및 지방으로 확산되었다.

결국 2003년 정부는 서울 집값의 급등세를 방지하기 위해 2기 신도시(노무현 정부) 건설계획을 발표했다. 2기 신도시는 성남 판교 2.9만 호, 화성 동탄1·2 15.8만 호, 김포 한강 6.1만 호, 파주 운정 8.8만 호, 수원 광교 3.1만 호, 양주 옥정 6.3만 호, 송파 위례 4.4만 호, 평택 고덕 5.7만 호, 인천 검단 7.4만 호, 천안·아산의 아산신도시 3.3만호, 대전 서구·유성구의 도안 2.5만 호 등 12개 지역이 선정되어 총 66.6만 호가 건설되었다.

2기 신도시는 1기 신도시가 베드타운이라는 한계점을 극복하기 위해 자족기능을 포함한 서울도심에서 멀리 떨어진 곳에 조성되었다. 하지만 1기 신도시와 같이 교통인프라 구축이 미비해 대중교통을 이용하기 어려울 뿐만 아니라 서울과 거리가 멀다는 문제점이 제기되었다.

2008년 미국 리먼사태와 2011년 유럽 재정위기로 글로벌 경기침체가 발생함으로써 한국의 수출둔화와 함께 내수 경기침체로 이어져 결국 지방중심으로 개발된 신규 아파트는 미분양과 미입주가 속출하기 시작했다. 그 여파는 경기도와 서울까지 확산되었다.

글로벌 경기침체로 각국의 통화정책은 기준금리 인하 및 양적완화(재정확대 정책)를 실시했다. 이에 우리나라도 기준금리 인하와 함께 부동산 탈규제 정책으로 전환함으로써 2014년부터 지방을 중심으로 주택시장은 다시 살아났다. 그 결과 다시 2016년 하반기부터 서울의 강남 재건축 아파트를 중심으로 급등을 이어갔다.

이에 정부(문재인 정부)는 2018년 주택시장 안정을 위해 3기 신도시를 발표했다. 그 지역으로는 경기도 남양주시 왕숙 6.6만 호, 하남시 교산 3.2만 호, 인천광역시 계양구 계양테크노밸리 1.7만 호, 과천시 과천 7천 호 등 4곳이었고 100만 m² 이상의 대규모 택지지구를 지정했다. 1기와 2기 신도시의 불편한 교통인프라의 단점을 보완하고 가까운 거리로 서울경계에서 약 2Km 떨어진 지역으로 선정되었다. 그리고 자급자족도시를 목표로 교통인프라(간선급행버스, 지하철 확장, 도로 확장 등)가 포함된 대책을 발표했다.

결국 1기, 2기, 3기 신도시를 통해 서울 집값을 안정화시키기 위한 대안으로 서울외곽을 지정하고 주택공급을 늘려왔다. 하지만 이런 정책은 서울 내 주택공급이 가능한 신규택지가 제한되어 결국 서울의 주택수요에 맞게 원활하게 주택을 공급하지 못한다는 단점을 불러왔다.

최근 10년 동안 서울인구는 소폭 감소했다. 여전히 기회가 되면 다시 서울로 진입할 인구와 신규 입주물량으로 예정된 진입인구를 포함해 서울의 인구집중화 현상은 앞으로도 계속

될 전망이다.

결론적으로 말하자면, 서울의 주택수요는 차고 넘친다. 지금까지 살펴본 강남 개발의 역사를 보더라도 잘 알 수 있듯이 서울의 택지는 점점 줄어들어 아파트 가치는 향후 더 높아질 것으로 판단된다.

 이것만큼은 꼭 기억하자!

서울 부동산의 역사를 살펴보면 알 수 있듯이 서울의 택지는 점점 줄어들고, 서울 아파트의 가치는 계속 더 높아질 것이다.

향후 서울 아파트 가격에
영향을 미치는 요소는 무엇인가?

후분양제, 도시화, 1인 가구, 2030 서울플랜 등이 향후 서울 부동산 가격을 움직일 핵심적인 키워드이다. 이 키워드들을 유심히 잘 살펴보자.

1970년대 도시화가 빠르게 진행되면서 서울지역 유입인구가 다른 대도시보다 더 큰 폭으로 늘어남에 따라 서울의 중심지를 강북에서 강남으로 이전시키는 영동지구 개발이 본격화되면서 강남이라는 부촌이 형성되었다.

1990년에 서울의 강남지역 인구가 증가하고 학군, 교통, 편의시설이 집중되면서 주택 수요는 더욱 증가해 강남지역 주택가격이 급등했다.

1970년대에서 1980년대에 대폭 급증하는 주택수요에 맞춰 부족한 주택 문제를 해결하기 위해 주택을 대량공급하기 위한 정책적 일환으로 또한 건설사의 주택건설자금을 용이하게 하기 위해 '선분양제도'가 허용되었다.

또한 선분양청약제도는 주택가격의 초기 계약금으로 약 10~20%, 중도금으로 약 50~60%, 나머지 잔금은 약 20~40%로 이루어진다. 이런 선분양제도가 한국의 아파트 청약제도로 자리 잡게 되었다.

이에 좁은 국토를 더욱 효율적으로 개발하기 위해 공동주택인 대규모 아파트 단지로 계획했다. 특히 서울의 인구집중화 현상으로 주택수요를 충족시키기 위해 더욱 높은 초고층 아파트를 짓게 되었다.

또한 동일한 분양가격으로 층별에 따른 가격차이가 없고 면적(평수)에 따른 가격 차이만 존재하며 일정기간에 일괄적인 방식으로 청약이 이루어진다. 최근에는 층별, 구조별 가격 차별화가 이루어지고 있으며 재건축에 따른 개발부담금(세금)을 회피하기 위한 방안으로 민간개발에서도 '후분양제도'가 추진되고 있다.

물론 선분양과 후분양의 장단점은 존재한다. 주택보급률이 100% 이상인 선진국에서 오래전부터 후분양제도를 시행해 분양권에 대한 가격(프리미엄)을 올려서 받는 것이 제한적이다. 후분양제도는 일반적으로 최소 70% 이상 공사된 시점에서 분양을 하며 조망권, 일조권, 층수 등의 입지조건에 따라 분양가격도 다르게 적용된다.

또한 특정기간에 맞춰 일괄 분양하는 방식이 아닌 분양공고 (공사진행률 70%) 후 천천히 판매하는 것이 후분양제도이다. 이런 후분양제도는 주택공급이 원활하지 못한 서울에 적용하게 되면 일시적 주택부족현상이 일어날 수 있다. 그 이유는 개발사업을 하기 위해 지자체와 협의해 인허가를 진행해야 하고, 우선 70% 공사가 진행되기 위한 충분한 자금도 필요로 하기 때문이다.

덧붙여 후분양은 선분양보다 향후 발생하는 리스크에 대한 노출이 더 높아 개발사업이 쉽게 추진되기도 어렵다. 그 이유는 기존의 선분양제도에서 개발사는 대출관련 금융 리스크(미분양 또는 개발손실)를 수분양자에게 전가할 수 있어 확정된 이자 또는 이익을 취할 수 있기 때문이다. 하지만 후분양에서는 개발에 대한 대출부담이 가중되고 분양에 대한 리스크가 높아짐으로써 투자판단이 어려워 원활한 주택개발이 이루어지지 못한다.

물론 후분양제도의 장점으로는 용적률 및 건폐율 등을 일괄적으로 적용할 필요가 없고 탄력적으로 현실에 맞는 맞춤형 개발이 이루어질 수 있다는 점이다. 또한 필요시 개발혜택을 부여받아 주택수요에 맞춰 시민에게 더 공급할 수 있다.

도시화와 1인 가구의 증가

도시의 삶은 편리한 교통, 백화점, 병원 등의 편의시설을 통한 효율적이고 더욱 다채로운 문화, 여가활동, 예술 커뮤니티 등에 참여할 수 있다. 선진국에서도 도시외곽의 전원생활보다 도시의 삶이 더 선호되면서 도시화율도 90%를 넘어 꾸준히 증가해 대도시와 지방의 인구양극화 현상도 나타나고 있다.

주택의 규모와 형태도 시대에 따라 변화해왔다. 한국 베이비붐세대가 확대되던 1980~1990년에는 단독주택과 중대형 아파트 40평 이상 크기를 선호했다. 출산율이 높고 부모님을 모시고 살며 자녀의 수도 2~3명으로 대가족 형태로 구성되었기 때문이다. 인구구조로는 4인 가구에 집중되어 중대형 및 단독주택의 수요가 많아 이에 맞게 공급이 이루어졌다.

하지만 1990년 후반 핵가족사회로 바뀌고 1997년 외환금융위기를 맞이하면서 평생직장의 개념도 사라지고 장기 경기 침체를 겪으면서 출산율도 계속 낮아지게 되었다.

2000~2010년까지 3인 가구의 핵가족화가 급속히 진행되면서 중소형 주택의 수요가 급증하고, 2010년 이후 구조적인 한국 가구변화는 1인·2인 가구가 급증하고 있다. 주택수요도 소형 및 초소형 주택 중심으로 개편되어 공급되고 있다.

높은 주거비 부담으로 서울인구는 1990년 이후 순유출되고 있지만 서울지역의 1인 가구는 증가 속도가 빠르게 증가하고 있다. 2018년 기준 서울 주택수요를 대체하는 경기도 인구가 약 1,271만 명으로 증가했고, 서울인구는 약 993만 명으로 감소했다. 하지만 서울인구의 지속적인 감소에도 불구하고 서울의 전체 가구수는 2015년 378만에서 2018년 384만으로 확대되었다.

1인 가구가 제일 빠르게 상승하고 있는 서울은 주택수요를 더욱 풍부하게 만들고 있다. 소형 아파트 선호가 높은 만큼 1인 가구의 주택수요가 풍부한 서울 주거용 오피스텔에 대한 수요도 늘어날 것이다.

2017년 기준 한국의 1인 가구는 28.6%로 약 561.8만 가구이며, 그 중 65세 이상의 고령화 1인 가구는 약 130만 가구로 전체 1인 가구의 23%를 차지한다. 우리나라가 저출산 및 초고령화사회로 진입하면서 청년층과 고령화의 1인 가구는 더욱 늘어날 수밖에 없다.

특히 전체 고령가구는 386.7만 가구로 전체 가구수의 약 20%를 차지해 향후 고령자 인구에 1인 가구는 급속히 늘어날 것으로 예상된다. 앞서 살펴본 선진국의 베이비붐 세대들이 은퇴를 통한 도심회귀 현상의 사례를 통해 알 수 있듯이, 우리나라도 청년층과 고령자의 1인 가구의 증가는 도심회귀 현상과 함께 도시화를 더욱 촉진시킬 것이다.

최근 청년취업난과 초고령화사회 진입을 앞두고 중대형 아파트보다 소형 아파트(전용면적 85m² 이하) 및 주거용 오피스텔이 더욱 선호되고 있다. 또한 방음, 방범, 방화 등이 완벽하게 차단되지 않는 단독주택과 빌라(다세대주택)보다 편리한 아파트 생활을 선호하고 있다.

산업의 영향으로는 도시화를, 인구변화로는 1인 가구의 증가, 분양제도 변화 등을 고려했을 때 서울지역의 주택가격이 다른 지역보다 더 높은 가치로 부각될 수 있다.

만약 신규 주택공급을 후분양제도로 전환하게 될 경우 서울 주택 가격은 더욱 오를 것으로 예상된다. 그것은 1인 가구의 도시화로 인해 서울로 진입하는 수요가 더 늘어나고 후분양제도가 적용될 경우 주택공급을 일시적으로 멈출 수 있기 때문이다. 이로 인해 서울의 전월세 가격이 급등해 결국 주택가격 상승세로 이어질 수밖에 없다. 특히 서울도심의 개발은 더욱 늦어져 향후 개발시 개발이익은 더 높을 것으로 판단된다.

2030 서울플랜

지금의 2030 서울플랜의 기본계획은 3도심(한양도성, 영등포·여의도, 강남)으로, 앞서 살펴본 서울의 주택개발 역사에서 강북

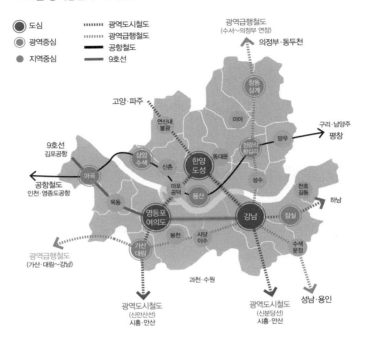

▼ 도심 광역중심과 지역중심

● 도심
◉ 광역중심
● 지역중심

‥‥‥‥ 광역도시철도
‥‥‥‥ 광역급행철도
━━ 공항철도
━━ 9호선

광역급행철도
(수서~의정부 연장)
→ 의정부·동두천

고양·파주

창동
상계

미아

연신내
불광

9호선
김포공항

상암
수색

신촌

한양
도성

동대문

청량리
왕십리

망우

구리·남양주
평창

마곡

공항철도
인천·영종도공항

목동

마포
공덕

용산

성수

천호
길동

영등포
여의도

강남

잠실

하남

봉천

사당
이수

수색
문정

가산
대림

광역급행철도
(가산·대림~강남)

과천·수원

성남·용인

광역도시철도
(신안산선)
시흥·안산

광역도시철도
(신분당선)
시흥·안산

(한양도성)에 집중된 인구를 분산하기 위해 영동·잠실지구(강
남)와 여의도·영등포지구의 개발계획과 비슷하다.

2030 서울플랜에서는 한양도성은 역사문화중심지로, 영등
포·여의도는 국제금융중심지로, 강남은 국제업무중심지의 3도
심 구축을 계획하고 있다.

기능적으로 특화된 지역균형발전을 위해 용산(도심권), 청량
리·왕십리(동북권), 창동·상계(동북권), 상암·수색(서북권), 마곡
(서남권), 가산·대림(서남권), 잠실(동남권) 등의 7개 광역으로 구

성되어 있다. 그리고 좀 더 세부적으로 생활권별 고용기반을 마련해 자족성을 강화한 12개 지역으로 세분화되어 있다.

서울시는 행정, 교육, 주거 등을 종합적으로 고려해 도심권, 동북권, 서북권, 서남권, 동남권 등 5개 권역으로 2030년 개발 계획을 축으로 하고 있다.

도심권은 역사문화를 중심으로 동대문(패션, 디자인), 종로(귀금속), 충무로(인쇄출판, 영화산업)로 특화된 교통체계를 추가 확충할 계획이다. 동북권은 고용창출을 위한 자족기능으로 창동·상계를 개발하고 철도교통을 중심으로 청량리·왕십리를 개발할 예정이다.

서북권은 문화산업을 특화해 상암, 수색, 신촌을 지역공동체로 더욱 활성화될 수 있도록 개발한다. 또한 서남권은 준공업지역을 신성장 산업으로 가산·대림에 육성하고, 주거개선으로는 마곡을 집중개발할 예정이다. 마지막으로 동남권은 글로벌 업무 및 사업기능으로 강남에 개발할 계획이다.

이러한 2030 서울플랜에서 핵심지역은 도심권에서는 용산, 동북권에서는 성수, 서북권 및 서남권에서는 여의도, 동남권에서는 강남으로 압축할 수 있다. (그 지역의 유망지역은 다음 장에서 구체적으로 소개하겠다.)

서울시는 2014년 2030 서울플랜의 3대 도심(한양도성, 영등포·여의도, 강남)을 기본계획으로 제시했다. 하지만 2030 서울플랜을 바탕으로 서울을 3개의 권역(북도심권, 서남권, 동남권)으로 재구분해 해당 권역 내로 포함해 자치구별로 각각의 부동산 가격과 소득 수준, 유입인구 등의 지표를 분석해보았다.

먼저 북도심권은 서울시의 한강 이북 지역 전체를 포괄해 권역으로 총 14개의 자치구(종로구, 중구, 용산구, 성동구, 광진구, 동대문구, 중랑구, 성북구, 강북구, 도봉구, 노원구, 은평구, 서대문구, 마포구)가 포함된다. 흔히 우리는 강북이라고 부르며 일반적으로 14개 구 전체를 지칭하고 있다.

북도심권은 서울성곽, 궁궐, 종묘, 사직단, 인사동, 북촌 등 다양한 문화자원이 조성되어 있는 역사문화중심지 ICC: International Cultral Center로 한국 수도 서울의 경제·행정·문화중심지로서의 특별한 지위를 유지하고 있다.

서울시의 인구는 1990년 이후 인구 순유출세를 보이며 북도심권에 속한 14개의 자치구의 인구도 전반적으로 순유출되는 경향을 보이고 있다. 그러나 성동구는 2008년 이후 지속적으로 유입인구가 증가하면서 최근 3년 동안은 인구순유입이 발생했다.

신설 고등학교 개교로(2018년 3월 금호고, 도선고) 금호, 옥수, 왕십리 등 지역의 학생 수요가 충족되고 뉴타운 및 재건축을 통해 신규 아파트가 공급되었다. 또한 과거 제조업 위주였던 성수동의 낙후된 거리가 첨단지식기반산업이 조성되면서 직장인 인구도 증가하고 있다. 서울숲을 중심으로 고급 아파트들이 생겨나고 성수동의 재개발도 지속적으로 추진되고 있어 인구가 유입되고 있다.

이에 성동구의 2018년도 PIR(1장의 내용 참고: 중위 가처분 소득으로 중위 주택가격을 구매하는 데 소요되는 시간)은 16으로 과거 평균치 13과 비교했을 때보다 높다. PIR 16은 성동구의 중산층이 중위 주택을 갖기 위해 한 푼도 쓰지 않고 모아서 구매할 경우 16년이 걸린다는 의미다.

최근 서울숲 주변에 고급 아파트가 분양되고 입주되면서 성수동 집값을 끌어올려 성동구 PIR도 높아졌다. 현재 북도심권에서 용산구, 중구, 서대문구, 마포구의 인구순유출세가 크게 개선되고 있는 것은 도심 재개발사업과 재건축으로 신규 아파트가 공급되었기 때문이다.

2018년 기준 PIR은 용산구가 25.5로 북도심권에서 가장 높고 도봉구가 7.7로 가장 낮으며, 연평균 소득수준은 성동구, 성북구가 가장 높고, 동대문구와 노원구가 상대적으로 가장 낮다. 특히 용산구의 경우 북도심권 중 PIR은 25.5로 가장 높지만 전세가율(47.7%)이 가장 낮은 것은 노후화된 주택이 많기 때문이다.

이는 재건축이 진행되거나 재개발 구역에 속한 아파트가 많아 개발호재에 따른 매매가격은 빠르게 상승했지만 전세가격은 그만큼 오르지 못했기 때문이다. 따라서 용산구는 재건축·재개발 호재로 주택가격 반영이 제일 큰 지역으로 볼 수 있다.

다음으로 서남권은 서울시의 한강 이남 지역 중 동작구와 관악구를 포함한 서쪽 전체를 포괄하는 권역으로 총 7개의 자치구(양천구, 강서구, 구로구, 금천구, 영등포구, 동작구, 관악구)이다.

서남권은 서울도심에서 대규모 준공업지역으로 지정되어 있고, 여의도를 중심으로 국제금융중심지 IFC: International Financial Center로 금융업무단지가 갖추어져 다른 권역에 비해 고용기반이 상대적으로 높은 권역이다.

서남권에 속한 7개 구가 모두 인구순유출이 되고 있으며, 순유출세가 가장 높은 지역은 양천구와 구로구다. 양천구와 구로구는 최근 4년간 연평균 약 7천 명 이상의 인구가 순유출되고 있다. 특히 순유출되는 인구 중 30~40대 연령대의 비중이 과반 이상으로 주택 실수요층이 감소되고 있다는 점이다.

그러나 두 자치구 모두 향후 2년간 연간 약 4천 세대 이상의 입주물량이 예정되어 있어 인구 순유입이 소폭 늘어날 수 있다. 양천구는 2018년 기준 PIR이 17 정도로 상대적으로 높지만, 구로구의 경우 PIR이 9.9 수준으로 금천구 PIR 9와 더불어 서남권에서 가장 낮은 수준이다. 또한 PIR은 동작구가 18.3으로 서남권에서 가장 높고 소득수준은 양천구가 가장 높다.

마지막으로 동남권은 서울특별시의 한강 이남 지역 중 서초구, 강남구, 송파구, 강동구 총 4개의 자치구를 포괄하는 권역이다. 기존 강남이라고 하면 서초, 강남, 송파 3구를 지칭했으나 최근에는 강동구를 포함해 강남 4구로 칭하는 경우도 있다.

1970년대 토지구획정리사업을 통해 조성되어 타 권역 대비 비교적 양호한 도시환경을 갖추고 있으며 IT 관련 서비스 업무중심지가 형성되어 있는 국제업무중심지IBC: International Business Center이다. 동남권은 국제기구유치 및 MICE 산업 육성 등을 통해 다양한 국제비즈니스 기능을 담당하고 있다. 또한 '강남 8학군'으로 불리는 우수 고등학교 학군이 동남권의 4개 자치구 내에 위치하고 있다. 동남권에 속한 4개의 자치구 중 송파구만 20~30대 연령층의 인구 유입으로 인구순유출이 되지 않고 있다.

최근 몇 년간 동남권 지역의 대부분 주택가격이 크게 상승하면서 주거비 부담으로 입주물량이 많은 용인, 하남 등 경기도 지역으로 인구이동이 있었다.

지난 4년간 동남권 아파트 재건축사업이 활발하게 진행되면서 일시적인 이주가구 증가 현상이 나타났다. 특히 위례신도시와 함께 송파구는 대규모 아파트 공급으로 신규입주에 따른 인구가 순유입되고 있다. 동남권의 강남구, 서초구, 강동구도 재건축 입주단지가 대폭 증가하면서 인구 순유입이 향후 3년간 지속적으로 늘어날 것으로 예상된다. 다시 동남권 지역은 인구순유입으로 전환될 것이다.

동남권 4개 자치구의 2018년 PIR은 서초구 26.9, 강남구 26.4, 송파구 21.7, 강동구 17.6으로 모두 높은 값을 기록하고 있다. 동남권 가구당 소득도 북도심권과 서남권에 비해 월등히 높지만 주택가격은 더 비싸다는 것을 알 수 있다.

서초구의 아파트 매매가격은 사상 최고치를 경신하고 있지만 전세가율은 44.5%로 동남권에서 가장 낮다. 동남권의 전세가율은 약 50% 수준으로 매매가격 대비 전세가격이 상대적으로 낮은 편이다.

이는 동남권 내 노후 아파트의 비중이 높기 때문으로 재건축 연한이 도래한 아파트의 경우, 오래되었기 때문에 전세가격은 낮지만 매매가격은 향후 재건축에 대한 기대감으로 높게 형성되어 있기 때문이다.

따라서 2018년 기준 서울 25개 구 중 PIR(소득 대비 주택가격)이 가장 높은 자치구는 서초구로 26.9이고 다음으로는 강남구 26.4, 용산구 25.5이다. 반면 PIR이 가장 낮은 자치구는 도봉구 7.7이며, 다음으로 중랑구 8.2, 금천구 9.0로 나타난다.

또한 서울시 전세가율(주택매매가 대비 전세가격)은 북도심의 용산구, 서남권의 양천구, 동남권의 4개 구(서초, 강남구, 송파구, 강동구) 전세가율이 약 50% 내외의 값을 기록했다.

　이를 통해 소득 대비 주택가격이 낮은 지역과 정비사업(재건축/재개발)에 대한 개발호재와 주택가격 상승에 따라 전세가율이 낮은 지역을 도출했다.

 이것만큼은 꼭 기억하자!

향후 5년을 주도할 서울 부동산투자의 키워드는 '2030 서울 플랜, 도시화, 1인 가구, 후분양제' 등이다.

재개발과 뉴타운보다 도시재생에 더 관심을 갖자

강남 3구의 노른자에 투자하자

압구정동과 뚝섬이 신흥부촌으로 떠오른다

여의도는 한국의 맨하튼이 될 것이다

용산은 새로운 모습으로 완전히 변신할 것이다

서울에서도
오르는 지역은 따로 있다

서울지역에서 더욱 유망한 지역을 추천하고자 한다. 유망지역은 인프라 및 주변 개발로 유동인구가 증가하는 지역으로 재건축·재개발·도시재생 사업이 가능한 곳이다. 또한 한강, 공원, 숲, 산책로 등의 도심 속에서 자연과 연계된 생활환경 및 공간이 있는 곳이다. 마지막으로 앞서 언급한 부동산 가격 상승조건 3가지인 '① 희소성, ② 소득이 높은 사람들이 전입하는 지역 및 군집, ③ 교통, 편의시설, 학군'에 부합하는 곳이라고 할 수 있다. 결국 서울지역의 개발계획이나 호재가 될 것을 감안하면 도심개발 및 도시재생을 위한 중구, 접근성이 좋은 용산구, 유동인

SEOUL

구가 집중되는 여의도, 새로운 부촌으로 개발되는 성수동 및 이촌동, 장기적 관점에서 재건축이 진행되는 서초구 및 강남구 등이 지리적 이점을 가지고 있다. 분양가 상한제가 적용된 서울 생활권에 있는 주변지역의 신규분양 지역, 40분 내에 서울도심으로 접근 가능한 산과 마을이 조망 가능한 지역, 개발호재로 있는 급매물 정비사업단지, 도시재생인 가로주택정비사업으로 소규모 개발이 가능한 단독주택지와 연립·다세대 밀집지역 등이다.

재개발과 뉴타운보다
도시재생에 더 관심을 갖자

종로구 창신동과 숭인동, 구로구 가리봉동, 성북구 장위동 등의 뉴타운 해제지역과
해방촌, 북한산 주변, 서촌, 암사1동, 성수1·2가동, 신촌, 상도4동 등을 눈여겨보자.

재개발 및 뉴타운도 장기적 관점에서 개발이 본격화될 경우
큰 폭으로 가격이 상승할 수 있어 개발이익으로는 최고이다.
그 이유는 새로운 교통인프라, 학교, 병원, 백화점 등과 같은
편의시설이 복합적으로 개발되기 때문이다. 하지만 재개발 및
뉴타운은 개발하기 위한 주민들의 동의요건과 합의를 이뤄야
하기에 오랜 시간 동안 표류되는 일이 많다.

최근 젠트리피케이션 Gentrification: 기본 원주민이 쫓겨남으로 사업속
도와 기간뿐만 아니라 인허가도 늦어지기 때문에 최소 10년

▼ 도시 재개발·재건축 VS. 도시재생

	재개발	도시재생
주체	토지/건물 소유자 중심(개발이익 중요)	거주자 중심(자력기반 및 지역활성화 중요)
주요 목적	민간 수익성 극대화	도시 경제 산업기반 재구축(지방 대도시, 중소도시 포함)
주요 기능	물리적 환경정비(공동주택, 주상복합 위주)	창조산업 유치 및 공공시설 확보(사회, 경제, 문화, 물리환경 등)
토지비 부담	높음(사업 시행자가 토지 전부 매입)	낮음(공공용지 위탁개발/현물출자)
시행자	민간 단독	민간 공동
사업 지원		주택도시기금 등 금융지원, 입지규제 최소 구역 등 규제완화
주변 지역 연계성	낮음(해당 부지 개발 계획만 수립)	높음(지역주민상인 상생계획 수립)

자료: 국토교통부

이상의 장기적 관점에서 접근해야 한다. 반드시 재건축과 뉴타운은 단기적 투자접근은 경계해야 하는 곳이지만, 개발이익은 가장 크다고 볼 수 있다.

따라서 단기적 투자접근 대상으로는 재개발과 뉴타운보다 더 빠르게 진행될 수 있는 '소규모 가로주택 정비사업'과 '도시재생'사업이 더 좋은 대안이 될 수 있다.

시간이 지나면 지날수록 서울의 모든 지역을 재생할 수밖에 없다고 한 점은 앞서 1~3장에서 언급한 내용을 참조하자.

그러면 이렇게 많은 지역에서 어디를 선정할 것인가는 재생사업이 빠르게 진행될 곳을 찾는 것보다 향후 개발할 수밖에 없고 사업을 빠르게 추진될 수 있는 곳을 우선 찾아보자.

또한 얼마나 장기적 관점에서 본인의 재정상황을 정확하게 체크하고 투자기간을 정해 매매차익, 월세를 통한 고정수입을

▼ 서울시 한강변 아파트 층수 규제

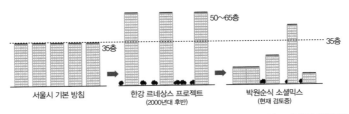

서울시 기본 방침	한강 르네상스 프로젝트 (2000년대 후반)	박원순식 소셜믹스 (현재 검토중)

자료: 매일경제, NH 투자증권 리서치센터

▼ 서울시 스카이라인 관리원칙 유지

용도지역	도심/부도심	지역/지구중심	그 외 지역
상업/준주거	복합: 51층 이상 주거: 35층 이하	복합: 50층 이하 주거: 35층 이하	복합: 40층 이하 주거: 35층 이하
준공업	복합: 50층 이하 주거: 35층 이하		
일반주거	제3종일반: 주거 35층 이하, 복합 50층 이하 제2종일반: 25층 이하		

주: 지역특성/공공 목적을 우선 고려해 필요한 경우 도시계획위원회에서 완화 가능
료: 서울시(언론), NH 투자증권 리서치센터

추구할 수 있다. 부동산 투자에서는 본인의 재정 건전성이 무엇보다 중요하다.

서울에서 오래되고 낙후된 지역에는 기존의 고도제한, 스카이라인 관리원칙에서 벗어나 인센티브를 제공하고 있어 도심재생을 추진하고 있다. 이런 점에서 서울지역의 도심재생이 시간이 지날수록 시급한 곳은 중구와 종로구가 될 것으로 판단된다.

서울형 도시재생 선도지역은 어디인가?

최근 서울시는 도시재생의 추진모델로 27개 지역을 선정하고 '서울형 도시재생 선도지역'에 1.3조 원이 투자될 예정이다. 서울시는 미래의 도시계획을 지속적인 도시재생을 통해 접근하고 개발에 필요한 인센티브를 부여하고 있다.

물론 앞서 계획된 투자계획이 변경될 수 있겠지만 순차적으로 단계적으로 진행될 수밖에 없다. 서울시에서 지정한 4개 권역으로 쇠퇴·낙후 산업지역, 역사·문화자원 특화지역, 저이용·저개발중심지, 노후주거지 등으로 구분해 도시재생을 추진하고 있다.

먼저 쇠퇴 및 낙후 산업지역으로 종로구 세운상가 일대, 구로구 서울디지털산업단지 일대, 성동구 장안평 중고차 매매단지 일대 등을 꼽을 수 있다.

역사 및 문화자원 특화지역으로는 중구 세종대로, 마포구 석유비축기지 및 당인리발전소, 용산구 노들섬, 중구 남산 예장자락, 종로구 낙원상가 및 돈의문 일대 등이 있다.

저이용 및 저개발 중심지는 서울역, 창동·상계, 영동 MICE(국제회의·인센티브관광·컨벤션·전시회, 코엑스~잠실운동장), 광운대역, 상암·수색 등의 5곳이다.

위의 3곳 중 개인투자자가 고려할 대상으로 규모가 크고 접

212

근하기 어려운 노후주거지 12곳을 주목하자.

서울시는 2020년 한양도성의 유네스코UNESCO 세계문화유산 등재를 목표로 2013년 5월부터 성곽마을 조성사업을 진행 중이며, 옛 한양도성을 보전 및 관리하기 위해 9개 권역 22개 마을을 선정했다.

이에 주거환경관리사업과 관련해 종로구는 리모델링 활성화 구역으로 지정한 곳은 부암동 백악마을 3만 4,693.9m²와 인왕마을 6만 3,423.9m² 등 총 9만 8,117.8m²이다.

또한 종로구의 혜화·명륜동과 함께 중구도 리모델링 활성화구역 지정을 앞둔 신당동 일대 다산권 12만 6,747m²와 광희·장충동 일대 광희권 14만 1,568m²는 용적률 상향 등 인센티브를 제공하고 있다.

특히 이들 지역은 한양도성 인근에 위치해 규제에 막혀 건축행위가 어려운 곳들로, 리모델링 활성화 구역으로 지정해 용적률 기준을 완화하는 방법으로 개선되어 기존 연면적 대비 최대 30%까지 용적률을 늘릴 수 있다.

종로구 사직2구역은 소송을 제기해 승소함으로써 재개발사업을 다시 추진할 수 있게 되었고, 2008년 재개발구역으로 지정된 노원구 중계동에 위치한 백사마을은 아직도 진행중이다. 이처럼 모든 지역에 혜택이 부여되어 개발호재를 맞이하게 되었다.

▼ 쇠퇴 낙후 산업지역

- ● 쇠퇴·낙후 산업지역
- ● 역사·문화자원 특화지역
- ● 저이용·저개발 중심지역
- ● 노후주거지

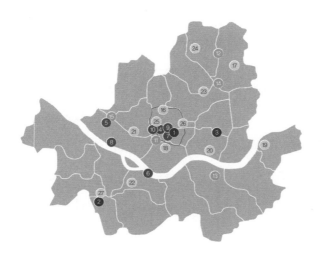

쇠퇴·낙후 산업지역 3개소 624억 원	① 세운상가 일대 도심산업 재활성화 ② 서남권 준공업 지역(G-Valley) ③ 장안평 일대 자동차산업 재생	노후주거지 12개소 1조 31억 원	⑯ 성과마을 보전-관리(9개 권역, 22개 마을)
역사·문화자원 특화지역 7개소 2,560억 원	④ 세종대로 일대 역사문화 특화공간 조성 ⑤ 마포석유비축기지 친환경 복합공간 조성 ⑥ 서울과 한강의 미래를 꿈꾸는 노들섬 조성 ⑦ 남산 재생사업 ⑧ 당인리 문화창작발전소 조성 ⑨ 낙원상가·돈화문로 주변 재생 ⑩ 돈의문 역사문화공원 조성(건축도시재생박물관 건립 등)		⑰ 벽사마을 주거지 보전 ⑱ 해방촌 지역특성을 고려한 맞춤형 도시재생 ⑲~㉓ 서울형 도시재생시범사업(4개소) (암사1동, 성수1·2가동, 신촌동, 상도3동, 장위동) ㉔ 북한산 주변 주거지 관리 ㉕ 역사문화의 보고 서촌 재생 ㉖ 잠실—송인 도시재생 선도 지역 ㉗ G-Valley를 품는 마을! 가리동
저이용·저개발 중심지역 5개소 463억 원	⑪ 서울역 역세권 주변 재생 ⑫ 창동·상계지역 일대 신경제 중심지 조성 ⑬ 코엑스~잠실운동장 일대 국제교류복합기구 조성 ⑭ 광운대역 역세권 주변 재생 ⑮ 상암DMC~수색 서북권 창조경제거점 육성		

※노후주거지 예산에 주거환경관리사업·가로주택정비사업 등 포함

새로운 통합재생모델로 종로구의 창신동과 숭인동, 구로구 가리봉동, 성북구 장위동 등의 뉴타운 해제지역으로 소규모 가로주택정비사업도 가능하게 되었다. 또한 해방촌, 북한산 주변, 서촌, 암사1동, 성수1·2가동, 신촌, 상도4동 등 지역특성 관리지역 12곳도 눈여겨볼 필요가 있다. 자세한 내용은 서울 시의 도시재생포털(https://uri.seoul.go.kr)을 참조하자.

 이것만큼은 꼭 기억하자!

서울지역의 도시재생이 시간이 지날수록 시급한 곳은 중구와 종로구가 될 것이다.

강남 3구의
노른자에 투자하자

SEOUL

최근 세계적인 한류열풍으로 '강남'이 한국을 대표하는 지역으로 알려지며, 부동산 가격 상승 3가지 조건과 부합해 향후 주택가치는 더욱 상승할 것이다.

글로벌 도시의 부촌도 학군중심으로 형성되어 있는 점을 감안할 때 서울은 강남구, 서초구, 송파구의 '강남 3구'로 볼 수 있다. '강남 8학군'으로 불리는 우수 고등학교 학군이 대부분 위치하고 있고 한국을 대표하는 부촌으로 자리잡고 있다.

한국인 입맛에 맞는 최고급 프랑스 요리, 이태리 요리, 일본 정통 스시 등 대부분이 강남에 위치해 있고 세계적으로 유행하는 패션(가방, 옷, 신발 등)을 직접 구매할 수 있는 곳도 강남에 위치하고 있다.

또한 자녀 교육을 위한 다양한 프로그램을 가진 아카데미 시설들이 많고, 국내외 대학들의 입학정보도 가장 많아 강남 지역에 대한 선호가 지속되고 있다. 만약 서울내 자율형사립 고등학교(자사고) 및 특수목적고등학교(특수고)가 폐지 또는 지정 취소될 경우 8학군 수요는 더욱 증가할 것으로 예상된다.

앞서 언급한 1970년대 영동지구 개발로 토지구획정리사업을 통해 조성되어 다른 지역 대비 비교적 체계적인 편의시설을 갖추고 IT관련 1세대 벤처기업들의 업무중심지가 형성되어 있다.

앞서 언급한 부동산 가격 상승조건 3가지인 '① 희소성, ② 소득이 높은 사람들이 전입하는 지역 및 군집, ③ 교통, 편의시설, 학군' 등에 가장 부합하는 지역이다.

최근 세계적인 한류열풍으로 '강남'이 한국을 대표하는 지역으로 알려지며 부동산 가격이 상승할 수 있는 3가지 조건을 갖춰 향후 주택가치는 더욱 상승할 것이다.

삼성동 코엑스 주변

우선 삼성동 코엑스를 중심으로 다양한 국제비즈니스 기능을 담당하고 있고 현대차그룹 GBC Global Business Center의 초대형

▼ 영동대로 지하공간 복합개발 철도건설계획

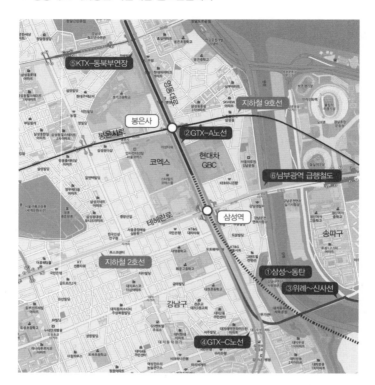

▼ 영동대로 지하공간 복합개발 층별 배치계획

시설	상세내용
시민 편의공간	지하 1층 상업, 여행, 문화·예술공간
도심공항터미널	지하 1층 탑승수속, 로비
	지하 2층 공항버스 탑승 플랫폼 등
버스환승센터	지하 2층 장래버스 이용 수요 고려
주차장	지하 3층 관광버스 등 대형차 중심
통합역사	지하 3층 위례~신사선
	지하 4층 역무시설, 기능실 등
	지하 5층 콘코스(개방형 공간)
	지하 6층 광역철도(KTX, GTX 등)

자료: 서울특별시, NH투자증권 리서치본부

218

오피스 건립도 진행되고 있다. 이로 인해 영동대로 지하를 복합개발로 삼성동 일대는 더 많은 국제회의, 전시회 등의 대외적 행사가 개최될 전망이다. 또한 글로벌 업무지구로 변신할 수 있는 모든 제반시설을 갖추게 된다.

이런 계획에 맞춰 서울시는 기존 삼성역 주변으로 GTX A노선과 C노선 환승역을 새롭게 설치해 GBC와 영동대로 지하공간을 함께 개발 진행중이다. GTX개발을 통해 서울의 인구분산 효과도 있겠지만 빠른 교통으로 서울에 진입하는 유동인구는 더욱 넘쳐날 것으로 예상된다.

또한 삼성동에서 잠실운동장으로 확장되는 삼성동 글로벌 업무지구는 분당선, 수서발 고속철도SRT, 기존 2호선 등으로 결합해 동남권 '교통 미니허브'로 거듭나고 있다.

따라서 강남구 봉운사역 주변지역, 송파구 아시아선수촌아파트 단지, 잠실우성 1·2·3차 등은 향후 개발에 대한 잠재력을 풍부하게 보유하고 있다.

현재 좋은 입지를 자랑하는 잠실 엘스아파트와 재건축이 추진되고 있는 강남구 대치동 은마아파트(래미안대치팰리스), 대치미도 아파트 1·2차도 유망하지만, 최근 개발호재로 주택가격에 반영되고 있는 중이다. 하지만 분양가상한제, 재건축초과이익환수제 등의 규제로 인한 재건축의 추진력을 일시적으로 상실한 시점에서 기회를 엿보자.

▼ 삼성동 주변 유망지역

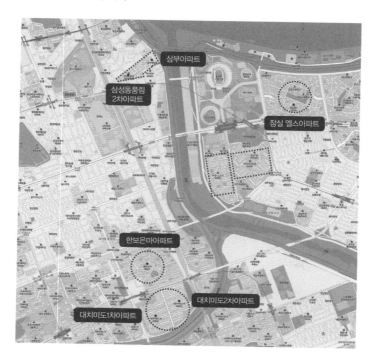

그 이유는 사방팔방 통하는 교통과 우리나라 최고의 학군
으로 주거수요는 지속돼 주택가격도 상승할 수 있기 때문이
다. 또한 인근 수서역 고속철도SRT로 전국교통망과 연결되
어 삼성역의 미니허브와 함께 삼성동 코엑스와 현대차그룹
GBC(옛 한국전력 본사)에서 잠실역의 롯데타워, 롯데월드 등으
로 유동인구는 더욱 많이 늘어날 것으로 예상된다.

서초구의 중심인 반포동과 잠원동

서초구는 민자사업으로 2004년 우면산터널이 개통된 후 새로운 인프라를 확장해 도시재생을 추진중에 있다. 최근 서래풀터널 개통과 함께 경부고속도로 양재IC에서 한남IC까지 지하화 사업을 추진중이다.

2019년 4월 서래풀터널이 개통되면서 37년 동안 끊겼던 서초대로 내방역과 서초역 직선구간이 연결되어 기존의 교통시간을 약 10분 단축시키는 효과를 주게 되었다. 단절된 도로가 뚫리면서 그 주변지역의 택지 및 주택가치가 상승하고 있다.

이는 교통에 대한 접근성이 좋아져 새로운 이동인구인 산책족, 자전거족 등이 늘어나 노후화된 방배동 지역의 부동산 개발도 활성화되고 있다. 또한 서래풀터널 위에 위치한 정보사 부지도 매각 진행중에 있어 향후 개발될 경우 더 많은 유동인구가 집중되고 다양한 문화공간으로 탄생하게 될 것이다.

또한 서초구의 숙원사업으로 경부고속도로 양재IC에서 한남IC까지 약 6.4Km를 지하화하는 도시재생 사업을 추진중이다. 도로를 지하화해 지상의 교통체증, 소음, 매연 등을 해결하고 지상에 문화시설과 녹지공원을 조성하는 것으로 1992년에 고 정주영 현대그룹회장이 착안했다고 한다.

서초구는 경부고속도로 지하화 프로젝트(양재IC ~ 한남IC

▼ 경부고속도로 지하화 사업 개요

경부고속도로(양재IC~한남IC 6.4km 구간) 지하화 사업 개요

- **공사비** 3조 3천억 원   **재원조달금액** 5조 2천억 원
- **재원** 마련방법 – 롯데칠성·코오롱부지 등 개발사업에 따른 공공기여금
                – 양재·서초·반포IC 부지 매각대금 등
- **지하구조** 복층화(상·하행) 12차로, 배수저류시설
- **지상구조** 친환경 문화복합공간, 녹지공간(60만㎡)   **사업진행단계** 사업계획서 미제출

▼ 경부고속도로 지하터널 계획

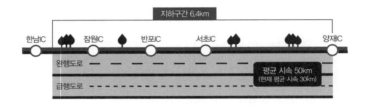

6.4Km 구간)에 대한 사업 타당성을 위해 대한국토도시계획학
회 등을 통해 '서울 도시경쟁력 공간구조 개편 타당성 조사 연
구'를 의뢰했다. 그 결과 경제적 타당성에서 편익 4.8조 원, 비
용 4.3조 원(민간 주도 상업·업무·주거시설 개발비 1조 382억 원 포함)
으로 편익이 약 0.5조 원 더 많은 것으로 조사되었다.

그 내용으로는 공사비 3.3조 원, 재원조달 가능액 5.2조 원
으로 편익 4.8조 원(환경개선 편익 1.8조 원, 시설조성 등의 총임대료
2조 원), 비용 4.3조 원(민간 주도 상업·업무·주거시설 개발비 1.3조
원 포함)으로 서울지역의 경제적 효과는 생산유발효과 약 5.4조
원, 부가가치 유발효과 2조 원, 일자리 창출 등 고용유발효과

▼ 경부고속도로 지하화 구간(양재IC~한남IC)

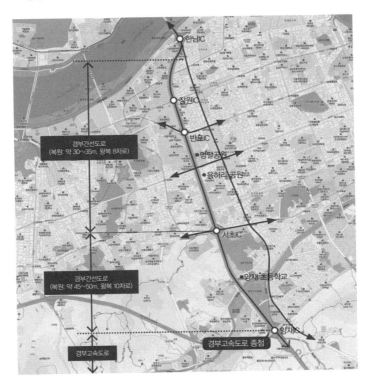

3.9만 명으로 분석되었다.

경부고속도로 양재IC~한남IC 6.4Km 구간을 지하화해 덮어진 공간의 활용도 다양한 안건들이 제시되고 있다. 먼저 한남IC에서 반포IC까지 테마정원으로, 반포IC에서 서초IC까지 우면산과 연결해 예술복합 상업시설로, 서초IC에서 양재IC까지 R&D시설로 개발해 자연·문화·R&D 등의 복합시설로 변

화시키자는 것이다.

따라서 경부고속도로 지하화 사업이 진행된다면, 양재IC~한남IC 주변 양축으로 주택가치는 더욱 상승될 것이 확실하다. 테마정원, 예술·문화시설, 상업복합시설 등과 함께 주거환경은 쾌적하고 살기 좋은 동네가 될 것이다.

향후 재건축 사업이 가능한 잠원 한강, 한신(8차, 10차, 11차, 17차, 18차, 19차 포함), 삼풍아파트 등이 유망한 투자처가 될 것으로 예상된다.

하지만 서초구의 지하화 사업은 지상 공원조성 및 공사비를 위한 재원마련 방법이 가장 큰 문제로 연기되고 있다. 삼성동

영동대로 지하공간 복합개발을 하기 위한 사업비는 현대차그룹의 삼성동 한전부지 매입으로 재원마련이 충분히 가능하기 때문이다.

물론 경제적 타당성을 면밀히 검토해야 하고, 지역 공동체가 갖게 되는 사회적 효율성에 대한 가치도 고려해 사회적 합의가 이루어져야 한다. 건설비용과 공사기간에 따른 교통혼잡 등과 향후 개발 후 쾌적한 녹지, 교통체증 감소 등이 서울 전체에 주는 사회적 인센티브도 반드시 있어야 할 것이다.

 이것만큼은 꼭 기억하자!

삼성1동, 대치2동, 반포동, 잠원동, 잠실7동에 부동산투자의 기회가 있다.

압구정동과 뚝섬이
신흥부촌으로 떠오른다

도심개발이 가능하고 숲세권을 형성하고 있는 부동산을 보라. 고가의 아파트가 많은 압구정과 성수동은 여전히 배가 고프다. 아직 개발 잠재력이 있는 두 곳을 꼭 염두에 두자.

여전히 한국의 강남에서 부촌富村으로 자리잡은 곳이 바로 압구정동이며 강남불패의 발상지이기도 하다. 또한 최근 도심 속에서 한강과 숲세권을 갖춘 뚝섬도 신흥부촌으로 떠오르고 있다. 서울숲 주변에는 고가 아파트가 들어서고 있고, 그 맞은 편엔 압구정동이 위치하고 있다.

오래전 압구정은 자연경관이 뛰어나 중국의 사신이 오면 관람할 정도로 경치가 좋다. 조선시대 계유정난癸酉靖難을 설계하고 예종과 성종의 장인어른으로 당대 지략가로서 최고의 권력을 가진 한명회(1415~1487)의 호가 압구狎鷗이다. 그는 정계에서 물러나 여생을 한가롭게 머물고 갈매기를 벗 삼고자 서재로 사용한 정자가 압구정이다. 그 주변이 지금의 강남구 압구정동이다.

바람 부는 날에는 압구정에 가야 한다

그 후 오랫동안 압구정 주변은 대부분 과수원과 채소밭이었다. 또한 현대건설이 경부고속도로를 공사하면서 외국에서 수입한 장비를 보관했던 버려진 땅이었다.

그러나 한남대교(제3한강교)가 놓이면서 그 지역은 금싸라기 땅으로 부상했다. 1976년 정부의 영동개발촉진지구로 압구정동, 반포동 등이 선정되면서 현대산업개발(현대그룹의 주택사업을 전문으로 하는 건설사)은 대규모 민영아파트 '압구정 현대아파트 1·2차'를 분양했지만 처음에는 교통과 기반시설이 미약해 인기가 없었다.

그 후 지속적인 아파트 개발과 함께 현대건설은 '명품' 아파트 이미지를 홍보하며 강남열풍을 불러 일으켰다. 그 당시 사회 고위층에게 특혜분양까지 이루어지며 압구정 현대아파트는 '부자동네'라는 수식어가 붙었다.

▼ 압구정 아파트 용적률 현황

자료: 언론, NH투자증권 리서치센터

　　지금의 압구정 현대아파트, 한양아파트, 미성아파트 등의
재건축사업은 강남을 대표하는 개발사업의 핵심지역이자 여
전히 강남의 심장이다. 다만 재건축사업의 규모와 개발이익이
큰 만큼 오랜 시간이 소요되고 조합원들의 합의가 어려운 점
이 최대 난관이 될 것이다.

서울숲이 있는 뚝섬을 주목하자

압구정동의 한강 맞은편에 위치한 뚝섬은 서울숲까지 정비되
어 자연경관은 말할 것이 없다. 최근 신흥부촌으로 성장하고

▼ 성수동 뚝섬

있는 성수동 뚝섬을 주목해보자.

아직 뚝섬 주변이나 성수동 지역 전체가 개발되지는 않았지만 서울숲에서 산책과 운동을 즐길 수 있고, 한강유원지 접근성이 뛰어나 주거지로 최고를 자랑한다. 앞에는 한강이 흐르고, 정남향으로 겨울에는 따뜻하고 여름에는 시원하게 지낼 수 있어 풍수지리風水地理도 좋다.

성수대교를 지나 강남으로 접근하기 좋은 조건에 있어 강남 지역이 갖고 있는 편의시설(병원, 쇼핑몰, 백화점 등), 학군(학교, 학원 등) 등의 이점을 간접적으로 누릴 수 있는 입지조건도 갖추고 있다.

최근 한화갤러리아 포레, 트리마제, 아크로포레스트 등의 최고급 아파트형 주상복합이 새롭게 들어서고 있다. 최고의 분양가를 지속적으로 갱신하고 있는 것은 강남 접근성과 풍수지리의 기본인 배산임수背山臨水를 도심 내에 갖추고 있기 때문이다.

바로 한강이 보이는 확 터져 있는 경관을 가질 수 있어 서울 도심 속에서 답답함이 없는 생활공간을 제공할 수 있고, 최고의 산책로인 서울숲과 한강유원지가 무상으로 제공되고 있다는 것은 큰 장점이다. 향후 낙후된 부동산이 주택지로 개발될 경우 그 가치는 지속적으로 상승할 수밖에 없을 것이다.

따라서 서울숲 중심으로 뒤편과 오른편이 고도제한으로 개발이 본격화되지 못하지만, 향후 서울시의 도시재생에 따른 혜택이 부여될 경우 개발이익은 아주 클 것이다. 단 압구정과 성수동은 강남8학군의 최정점에 위치하지 못하고 있다는 점은 꼭 염두에 두자.

 이것만큼은 꼭 기억하자!

압구정동과 뚝섬, 이 두 지역에 향후 도심개발이 이루어지면 개발이익이 아주 클 것으로 전망된다.

여의도는
한국의 맨하튼이 될 것이다

SEOUL

여의도는 주거지역과 상업지구가 섞여 있어 용적률을 면밀히 검토해야 한다. 현재 지구단위계획에 묶여 있는 여의도는 향후 재건축을 통해 복합시설물로 지속적으로 개발될 수밖에 없다.

뉴욕 맨하튼과 비교되는 우리나라의 금융회사가 집중된 곳은 여의도로, 이 지역은 섬으로 상업지역과 주거지역이 혼합되어 있다. 향후 여의도를 본격적으로 개발할 경우 용적률에 대한 인센티브가 가장 많이 제공되어 주거와 오피스를 동시에 충족시킬 수 있는 곳이다.

여의도YBD 지역의 프리미엄 오피스 공급이 2020년까지 지속되어 중소형 오피스 시장은 상대적으로 위축되겠지만 풍부한 유동인구는 계속될 것이다. 최근 완공된 교직원공제 빌딩,

공사중인 파크원, 주상복합개발 중인 옛 MBC부지, 리모델링 중인 사학연금 빌딩, KBS 재건축 등 순차적으로 입주될 예정이다. 그 주변은 음식점, 백화점, 쇼핑몰 등의 상업공간과 아파트의 주거공간이 공존하는 시설들, 초대형 오피스 건물들이 함께 들어서게 된다. 물론 초대형 오피스 공급이 많아지면 공실률이 늘어날 수 있지만, 주거용(아파트 또는 주상복합)은 오피스 완공에 따라 편의시설도 빠르게 확충되면서 생활의 편리함은 더욱 좋아질 수밖에 없다.

또한 여의도만의 독특한 문화로 봄이 오는 매년 4월에 서울 최대의 벚꽃축제인 '봄꽃축제'가 여의서로(윤중로) 1.7km구간에서 6일 동안 펼쳐지고, 가을이 오면 매년 10월에는 '서울세계불꽃축제'가 63빌딩 앞에 있는 여의도 한강시민공원에서 화려하게 개최된다.

여의도는 한국의 금융허브 중심지로 유동인구가 많은 만큼 맛집도 즐비하다. 현재 필자도 여의도 금융가에서 증권사를 다니는 애널리스트Analyst로 활동하고 있다. 여의도 금융가 사람들은 일찍 일어나는 얼리 버드Early Bird가 많고 늦게까지 일하는 일벌레Workaholic들도 많다.

여의도 금융가는 실력이 없으면 가차 없이 짐을 싸고 다른 직장을 알아봐야 하는 냉정한 곳이기도 하다. 물론 한국의 경제성장과 함께 약 30년 동안 주식시장이 호황을 지나 서서히

식어가고 있어 여의도의 화려함이 예전 같지는 않다. 고액연봉을 받던 화려한 주식·채권 펀드매니저Fund Manager에서 고객들이 새롭고 다양한 투자에 관심을 가지게 되면서 부동산과 같은 대체투자Alternative Investment와 IBInvestment Bank 분야가 커지고 있다.

증권사, 운용사, 금융감독원, 국회의사당, KBS, MBC(이전) 등과 같은 국내 오피스 시장의 중심지 중의 하나가 여의도이다. 유동인구가 풍부하고 교통, 오피스, 복합몰, 공원, 한강유원지 등이 밀집되어 있는 여의도 지역으로 유망한 곳을 살펴보자.

여의도에 투자의 봄이 오고 있다

여의도는 오래되고 노후화된 아파트가 군데군데 밀집된 지역이 많고 꾸준히 재건축사업을 추진중에 있다. 하지만 밀집된 아파트는 주거지역과 상업지구로 혼재되어 있다. 이에 일괄적으로 3종주거지역이나 상업지구로 변경되기 쉽지 않다.

2017년 4월 서울시는 반포·서초·여의도 아파트지구를 지구단위계획으로 지정한 후 교통, 기반시설 등을 종합적으로 관리해 2020년 지구단위계획을 최종 고시할 예정이다.

▼ 여의도 주요 재건축 현황

▼ 재건축 연한이 된 여의도 아파트

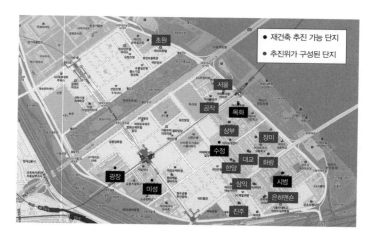

　특히 여의도는 주거지역과 상업지구가 섞여 있어 교통, 공원, 상업시설 등에 대한 용적률을 면밀히 검토해야 한다. 따라서 지구단위계획이 연기될 수도 있으며 오랜 시간이 걸릴 수

▼ 여의도 재건축 유망지역

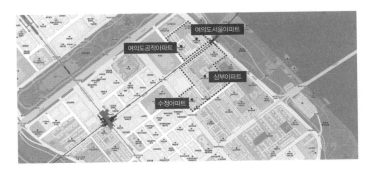

도 있다.

그러나 여의도는 반드시 개발해야 하는 지역으로 1개 재건
축단지가 시작되면 연쇄적으로 진행될 가능성이 매우 높다.
그 이유는 지구단위계획에 여의도 전체가 묶여 있어 개발의
형평성이 있기 때문이다.

여의도 지구단위계획으로 묶여 있는 아파트(공동주택) 단지
는 총 11개이며 6,323가구로 면적은 55.7만m²가 된다. 그 중
서울아파트, 공작아파트, 수정아파트는 상업지역으로 용적률
이 약 700%까지 가능하고, 개발이익이 여의도에서는 가장 클
것으로 보인다. 또한 대지평수도 넓어 재건축사업이 진행될 경
우 유리한 위치에 있다.

또한 삼부아파트, 진주아파트는 3종주거지역 및 준거지역,
상업지역이 섞여 있고, 목화아파트는 단지가 작지만 여의도

한강유원지를 바라보는 경관은 최고 위치에 있다. 다만 여의
도의 학군과 교육환경은 다른 유망지역보다 열악하다.

이것만큼은 꼭 기억하자!

여의도에 있는 서울아파트, 공작아파트, 수정아파트, 삼부아파트, 진주아
파트, 목화아파트 등에 주목하자.

용산은 새로운 모습으로
완전히 변신할 것이다

용산 미군기지가 공원으로 조성되면 그 주변 주거지역의 심장 역할을 할 것이다. 최고의 교통요지이자 초미세먼지가 많은 도심에서 좀 더 쾌적한 생활까지 보장되는 곳이 된다.

용산 미군기지가 평택 험프리기지로 이전하면서 새로운 모습으로 변화될 것에 주목해야 한다. 서울 중심에 대규모 공원으로 조성되면 현재 공원외곽에 해당되는 지역은 최고의 주거지역이 될 것이다. 그 이유는 공원과 함께 위로는 남산, 아래로는 한강이 있어 용산은 서울 교통의 요지로 접근성이 뛰어나기 때문이다.

서울지역 전체에 접근성뿐만 아니라 용산역을 통해 전국의 지방도시로 접근하기도 쉽다. 이에 용산은 사람의 몸으로 비

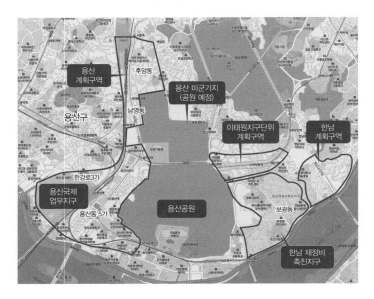

유하면 '허리'에 위치해 교통인프라가 확충되어 사방으로 통하고 팔방으로 닿는 사통팔달四通八達 지역이다.

2017년 7월 미 8군 사령부가 평택이전을 시작한 기존 용산지역의 미군기지는 73년 만에 막을 내리게 되었다. 용산미군기지는 304만m²(92만 평)와 함께 국방부의 면적까지 합치면 총 348만m²(105만 평)에 이른다. 2007년 '용산공원조성 특별법'으로 공원부지 243만m², 문화시설 18만m² 등이 계획되고 있지만 현재 다양한 의견을 수렴을 통해 어떻게 개발할지에 대해 고민중이다.

그만큼 지리적 입지가 좋아 대규모 공원으로 조성되면 그 주변주거지역의 심장 역할을 할 것이다. 최고의 교통요지이자, 초미세먼지가 많은 도심지역에서는 좀 더 쾌적한 생활까지 보장되는 곳이 된다.

2008년 한국철도공사에서 보유한 용산차량기지를 중심으로 용산국제업무지구로 개발을 시작했다. 기존 개발계획은 지상 111층에 높이 621m 랜드마크타워를 포함해 지상 60층 이상 주상복합 및 오피스타워 총 12개의 빌딩이 들어서고 지상은 공원으로 조성되는 것이었다.

하지만 글로벌 금융위기와 함께 투자심리가 악화되면서 개발이 중단되었고, 서쪽 용산국제업무지구 특별계획구역은 2013년 이후 부진한 상태이다. 2009년 1월 용산 4구역 재개발 보상대책에 반발하며 적정 보상비를 요구하던 철거민과 경찰이 대치하면서 화재가 발생해 6명이 사망하고 24명이 부상당하는 대참사가 발생하기도 했다.

그 후 용산지역은 소규모 형태로 개발되고 있으며, 예전 용산역 앞에 위치한 집창촌이 재개발을 통해 업무시설을 갖춘 높은 주상복합아파트로 탄생하게 되었다.

용산에 개벽천지가 일어나고 있다면?

기존 용산미군부지는 2014년 한미연합사, 미대사관이 이전할 캠프코이너 부지, 드래곤힐 호텔, 방호출입시설, 헬기장이 잔류함에 따라 용산공원조성 면적이 약 30% 감소되었다. 이에 용산미군부지는 민족·역사공원의 개발계획이 6개 테마공원, 단일 생태공원 등 수 차례 변경되었다.

2019년 한미연합사 본부를 평택 미군기지(캠프 험프리스)로 이전, 드래곤힐 호텔 평택 미군기지 안으로 이전되어 용산공원 개발에 탄력을 받고 있다.

또한 용산미군기지에는 일본군 막사, 장교숙소, 감옥 등도 남아 있으며 UN군 사령부, 한미연합사 건물 등 역사적 건물들이 남아 있다. 이에 용산공원개발은 2019년부터 9년간 1.2조 원을 투입해 2027년 역사적 장소를 잘 보존한 문화시설, 박물관, 국민적 생태자원공원으로 탈바꿈할 계획이다.

이로 인해 용산 주변의 개발프로젝트도 속속 진행될 것으로 예상된다. 특히 용산공원과 용산역을 연결하는 파크웨이Park way 시민공원이 조성되어 많은 가게가 들어서면서 주변상권도 활성화될 것으로 기대된다.

주한미군의 부속시설인 한남외인아파트, 캠프킴, 유엔사부지, 수송부부지 등은 입찰을 거쳐 민간에게 이전되고 있다. 먼

▼ 용산지구 유망지역

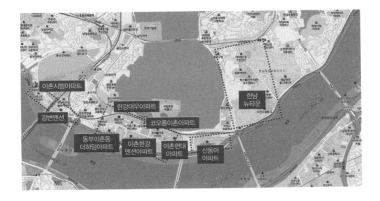

저 한남외인아파트는 나인원한남으로 개발중에 있어 한남더
힐과 함께 한국 슈퍼리치들의 주거지로 탄생되고 있다.

약 5.2만m²의 유엔사부지는 일레븐 건설에 매각되어 아파
트, 호텔, 상업시설 등의 보합시설단지로 개발 진행중이다. 다
만 캠프킴 부지는 1호선 남영역, 6호선 삼각지역으로 4.7만m²
와 수송부부지 6.6만m²은 아직 특별한 계획이 없다.

용산은 용산역 지하철 1호선, 경의중앙선, KTX가 교차하고,
지하철 4호선 신용산역은 신분당선 서북부 연장으로 개통되
면 퀘트러블 역세권으로 최고의 교통요지가 된다. 또한 한남
대교만 넘어가면 강남지역 접근성도 용이하고, 남산 3호터널
을 통해 도심CBD에 접근하기에도 좋다. 주변에 이태원관광특
구와 한남재정비촉진지구가 있으며 이촌동과도 가깝다.

최근 다양한 음식점과 의류잡화점이 즐비했던 이태원, 경리단길, 해방촌에 이동인구가 줄면서 부동산 가격도 하락하고 있다. 그 이유는 젠트리피케이션Gentrification 현상이 나타나고 있기 때문이다.

기존 낙후된 구도심 지역은 임대료가 저렴해 새로운 문화와 독특한 분위기로 리모델링해 카페, 갤러리, 이색음식점, 공방 등이 들어섰다. 그러나 대규모 자본이 유입되면서 그 지역에 있는 건물들을 싼값에 사들여 리모델링과 재건축을 통해 다시 더 높은 가격으로 재임대함으로써 기존 상인들이 떠날 수밖에 없게 되었다. 이에 그 지역만의 독특함과 특색이 사라져 많은 사람들이 찾던 곳은 한적하고 빈 상가로 남아 있다.

기존에 형성된 분위기를 벗어나 새로운 것을 추구하는 사람들이 많아지면서 압구정 로데오거리에서 가로수길로, 이태원 경리단, 해방촌에서 연남동으로, 경복궁 삼청동에서 익선동으로 이동한다.

향후 도심개발은 도시재생사업을 점진적으로 단계별 개발 계획에 맞춰 진행할 것으로 예상된다. 결국 젠트리피케이션 현상으로 기존 상인들과 투자자들이 상생相生을 통해 다시 활성화될 가능성이 높은 지역들이다.

용산은 해방촌 일대, 종로 경복궁 주변, 중구 남산 일대 등 새로운 문화를 즐길 수 있는 위치에 있어 다채로운 생활을 영위할 수 있다.

이에 용산지역 개발의 연장선에서는 서부이촌동과 동부이촌동, 대규모 재개발지역인 한남뉴타운을 중심으로 주변지역인 이촌시범아파트, 이촌한강맨션, 한강대우, 신동아아파트 등이 유망할 것으로 예상된다.

 이것만큼은 꼭 기억하자!

서부이촌동과 동부이촌동, 이촌시범아파트, 이촌한강맨션, 한강대우, 신동아아파트 등이 유망할 것으로 예상된다.

결국 서울은 트렌드의
중심에 있게 될 것이다

서울역 중심의 구도심에서 용산, 여의도, 강남으로 이어지는 삼각형 개발이 진행되며 앞으로 시간이 지날수록 도심재생, 재개발, 재건축 등의 사업이 더욱 활성화될 수밖에 없을 것이다.

2012년 싸이PSY의 노래 '강남스타일'이 유행하며 한국의 특정지역 이름이 세계적으로 유명해지게 되었다. 새로운 시대의 흐름과 트렌드는 서울에 집중되어 있고 경제와 문화도 그렇다.

트렌드가 바뀌며 부동산 트렌드도 바뀌고, 이는 당연히 부동산 가격에도 크게 영향을 준다. 예전에 불변했던 입지 좋은 상권도 유동인구가 많은 곳은 소비인구로 인지되었지만 오프라인보다 온라인 구매가 예전에 비해 대폭 증가했다. 직장인들이 많이 근무하는 오피스권도 점심과 저녁 회식으로 좋았던 상권들은 주 52시간 근무제가 2019년부터 본격적으로 시행됨에 따라 저녁회식이 대폭 줄고 있다. 이런 변화들도 각별히 주목해야 한다.

서울에서 유명한 상권이었던 압구정 로데오거리, 이태원 경리단길, 홍대지역 연희동, 경복궁 삼청동 등이 활력을 잃어버린 것은 유명세를 타면서 임대료가 대폭 상승했기 때문이다. 그러다보니 높은 가격에 매각하기 위해 리모델링으로 자연스럽게 형성된 개성 있는 거리의 모습이 사라지고 있다. 앞서 언급한 젠트리피케이션 현상과 함께 특이한 음식, 독특한 패션, 새로운 문화로 라이프 스타일이 변화하기 때문이다.

2000년대 이후 구도심에 다시 유동인구가 집중된 홍익대학교 인근(홍대 주변), 경복궁 서촌 및 삼청동, 이태원 및 해방촌 등에서 젠트리피케이션 현상이 많이 발생하고 있다. 쫓겨난 상인들은 다시 연희동과 연결되는 연남동으로, 종로 익선동 한옥마을 등으로 이동했다.

상권이 활성화되며 부동산 가격이 상승할 수 있는 요인은 다음의 4가지다.

첫째, 유동인구가 풍부하고 소비인구가 확대되는 지역.

둘째, 오피스가 많은 직장인들 중심의 역세권.

셋째, 대학교 및 학원 주변 꼬마빌딩.

넷째, 새로운 트렌드, 독특한 문화로 형성되는 곳.

이 4가지 모두를 가지고 있는 지역이 바로 서울이다. 결국 서울의 주거지 가격은 다시 오른다. 그 이유는 너무나 간단하다. 노후화된 재건축 및 재개발의 정비사업은 지속되어야 하기 때문이다.

다주택자나 부동산 투자의 귀재들은 이 책을 읽지 않아도 된다. 이 책이 집을 꼭 사고 싶은 독자들에게 많은 도움이 되었으면 좋겠다. 만족할 수 있는 합리적 가격에 내가 꿈꾸는 집을 살 수 있는 좋은 기회는 반드시 올 것이다.

한 가지 팁을 드리자면, 기존주택(지은 지 15~25년)보다는 새로운 주택(지은 지 1~15년)이 더 좋고, 새로운 주택보다는 신규 분양 또는 장기적으로는 재건축 주택이 더 좋을 것이다.

김형근

■ **독자 여러분의 소중한 원고를 기다립니다**

메이트북스는 독자 여러분의 소중한 원고를 기다리고 있습니다. 집필을 끝냈거나 집필중인 원고가 있으신 분은 khg0109@hanmail.net으로 원고의 간단한 기획의도와 개요, 연락처 등과 함께 보내주시면 최대한 빨리 검토한 후에 연락드리겠습니다. 머뭇거리지 마시고 언제라도 메이트북스의 문을 두드리시면 반갑게 맞이하겠습니다.

■ **메이트북스 SNS는 보물창고입니다**

메이트북스 홈페이지 www.matebooks.co.kr

책에 대한 칼럼 및 신간정보, 베스트셀러 및 스테디셀러 정보뿐만 아니라 저자의 인터뷰 및 책 소개 동영상을 보실 수 있습니다.

메이트북스 유튜브 bit.ly/2qXrcUb

활발하게 업로드되는 저자의 인터뷰, 책 소개 동영상을 통해 책에서는 접할 수 없었던 입체적인 정보들을 경험하실 수 있습니다.

메이트북스 블로그 blog.naver.com/1n1media

1분 전문가 칼럼, 화제의 책, 화제의 동영상 등 독자 여러분을 위해 다양한 콘텐츠를 매일 올리고 있습니다.

메이트북스 네이버 포스트 post.naver.com/1n1media

도서 내용을 재구성해 만든 블로그형, 카드뉴스형 포스트를 통해 유익하고 통찰력 있는 정보들을 경험하실 수 있습니다.

STEP 1. 네이버 검색창 옆의 카메라 모양 아이콘을 누르세요.　STEP 2. 스마트렌즈를 통해 각 QR코드를 스캔하시면 됩니다.
STEP 3. 팝업창을 누르시면 메이트북스의 SNS가 나옵니다.